放送大学叢書045

地域教育再生プロジェクト

家庭・学校と地域社会

地域教育再生プロジェクト　家庭・学校と地域社会　目次

はじめに

本書は「地域教育」という、あまり耳慣れない言葉を表題に冠しています。しかも「再生プロジェクト」としているのは、地域教育によって、これからの日本の教育の再生を、皆さんと一緒に考えてみたいと思ったからです。

教育と聞くと、まず学校を思い浮かべる方が多いのではないでしょうか。今から一五〇年ほど前に、近代的な学校制度が整えられて以来長い間、教育は学校の専売特許のように受け止められてきましたから、これは当然のことだと思います。

しかし本来、教育は人間の成長・発達といった社会的な作用をさしており、学校教育に止まらない、とても広い意味が込められています。たとえば、家庭でのしつけ（躾）や子育ても、教育のひとつです。また家庭教育だけでなく社会教育、女性教育、青年教育さらには企業内教育という言葉もあります。そして近年では、生涯教育の重要性も指摘されています。このように教育は、学校に限らないさまざまな場所で行われています。

今、家庭や学校での教育をめぐって、さまざまな問題が提起されています。「家庭崩壊」や「学級崩壊」など、センセーショナルな表現で指摘される教育問題は、けっして家庭や学校単独で起きるわけではありません。個人的に見える問題も、社会的な条件や原因によって引き起こされるものです。

したがって教育問題を考えるためには、特定の個人、あるいは学校や家庭といった特定の環境に、安易に原因を求めるのではなく、社会現象として教育を捉える広い視野が求められます。

このとき、家庭や学校に加えて、見落としてはならないのが「地域教育」です。家庭や学校単独では、子どもたちの健全な成長・発達を担いきれず、教育問題が取りざたされるなかで、地域教育への期待が生まれています。

しかし日本の地域の教育力も、非常に弱くなっています。戦後の高度経済成長期に行われた地域開発により、日本の地域社会が再編・解体されてしまったからです。経済合理性や効率性優先の「物質至上主義」の社会は、地域の人間関係や住民組織の力を弱め、地域社会の人間形成の力を奪ってきたのです。経済成長の影で、地域社会が崩壊していたことに、私たちは留意しなければなりません。

この反省から、文部科学省では、地域社会の再構築を重要な政策課題とするようになっています。しかしながら、こうした政府の試みも、地域教育をあくまで学校教育の補助として位置づけてしまっている、という限界があります。

本書では、家庭と学校が、人間の共同生活の場としての「地域社会」とどのように関連しているかを、「地域教育」という用語を用いて、明らかにしていきます。そうすることで、地域教育を学校教育の補助として位置づけるのではなく、家庭や学校での教育と同様に、子どもの成長にとって重要なものであることを示したいと思っています。地域社会が本来もっていた「人間形成機能」を取り戻すことが、緊急な課題であるといった視点から、全国各地での「地域教育」の実践事例を、できるだけ具体的に取り上げつつ、そこに内在する課題を明らかにしたいと思います。

本書は放送大学の大学院科目「コミュニティ教育論」を元に執筆しました。このたび放送大学叢書に収めるにあたり、新たなデータを加え、加筆補筆を行っています。本書が全国各地で教育実践に取り組んでいる皆さんに、少しでもお役に立てることを願っています。

◉第一章

失われゆく地域コミュニティ

本章では、地域教育の基本的な枠組みとなる地域の概念について、一九六〇年代の高度経済成長期以降に、頻繁に使用されるようになった「コミュニティ論」と結びつけて考えてみます。一般に地域とは、人びとの日常生活の場である地域社会をさしていますが、これとコミュニティが同じなのか、それとも違った意味をもっているのか。地域教育を考えるための基本的な部分について明らかにしたいと思います。

一. 地域社会とコミュニティ

コミュニティとは何か

コミュニティとは何でしょうか。学問的な概念としてこれを最初に用いたのは、スコットランド出身のマッキーバー（MacIver R. Morrison）でした。彼が在英中（その後アメリカに移住）の一九一七年に出版した著書のタイトルが、『コミュニティ（*Community*）』（中久郎・松本通晴訳、一九七五）です。コミュニティという概念は、産業化が急激に進行する二〇世紀初頭のイギリスの地域社会で、失われつつある地域共同体の役割を分析するために提起されました。ちょうど第一次世界大戦時に当たるこのころのイギリスは、産業構造の転換にともない、農村から都市への急激な人口移動現象が起き、さまざまな社会問題が発生していたのです。

マッキーバーは「コミュニティとは、ある程度の社会的結合をもつ社会生活の一定の範囲」と簡潔に定義しています。さらにこの社会的結合（social coherence）については、「地域性（locality）」とそこに所属する人びとの「地域社会感情（community sentiment）」によって成立すると捉えています。つまりこの二つの原理によって、社会的結合が行われるときコミュニティが成立するとしたのです。

もう少し詳しく見てみましょう。マッキーバーは著書のなかで、「私はコミュニティという語を、村とか町、あるいは地方や国とかもっと広い範囲の共同生活のいずれかの領域をさすのに用いようと思う」と述べています。つまり共同生活の領域がきわめて多様で、かつ広範囲にわたっているのです。たとえば一九六七年に結成された「ＥＣ

（ヨーロッパ共同体）」のCはcommunityの頭文字です。マッキーバーは共同生活をこのようなグローバルな視点から捉えることも可能だと考えました。もっともECは一九九二年に「EU（ヨーロッパ連合）」に改変されているのですが。このUはunionを意味しています。ヨーロッパを共同体＝コミュニティとして捉えることに無理があったのかもしれません。つまり共同体としての国家（＝コミュニティ）を基礎として作られた連合がEUと考えるべきなのでしょう。

コミュニティとアソシエーション

さらにマッキーバーは「コミュニティは、本来的にみずからの内部から発し、活発かつ自発的で自由に相互に関係し合い、社会的統一体の複雑な網を自己のために織りなすところの人間存在の共同生活のことである」（前掲書）と記述しています。

こうしたコミュニティは、「アソシエーション（association）」とどう違うでしょうか。アソシエーションが、特定の目的に沿って、また特定の利害関心によって組織体として成立するのに対して、コミュニティは不特定、というよりも人びとの日常生活に必要な多様な関心・欲求を充足させる包括的な組織体といった特性をもっています。

このように不特定で多様、かつ包括的といった概念で規定されるコミュニティも、時代によってその使われ方が変化しています。とくに情報化が急速に進行する現代社会にあっては、人びとの人間関係、コミュニケーションは直接接触だけでなく、情報メディアを介した間接的な関係も増えており、情報コミュニティといった、新たなコミュニティも生まれているのです。

日本におけるコミュニティ概念の受容

日本におけるコミュニティ概念については、この用語が登場した当時の社会的背景をふまえることが大切です。日本では第二次世界大戦後の戦後復興期に、アメリカをモデルとして地域社会の研究を進めてきました。一九四五年にアメリカで刊行されたE・G・オルセン他編の"*School and Community*"の日本語訳は『学校と地域社会』(宗像誠也他訳、一九五〇)だったのです。Communityが「地域社会」と訳されていることからもわかる通り、当時はカタカナ文字を使用しなくても、日本語の「地域社会」という言葉が、英語のcommunityの持つ意味を十分に含んでいると考えられてきました。

日本で「コミュニティ」という言葉が、一般に広く用いられるようになったのは、一九六〇年代の高度経済成長期以降のことです。高度経済成長期の日本における、農村部から都市部、とくに東京や大阪などの大都市圏域への人口の移動は、半世紀前のイギリスの地域社会の状況と類似していました。こうしたこともあり、日本の研究者たちが、マッキーバーのコミュニティ概念に注目しはじめたのです。

急激に変動する日本の地域社会が、人と人のつながりが強かった伝統的な「ムラ」や「まち」とは異なった特性を持ちはじめたとき、つまり地域共同体としての特質を失いはじめた時期に、人びとの地域生活を分析するための学術的な用語として、カタカナ文字のコミュニティが提起されたと考えられます。

社会学者の福武直は、『現代日本社会論』(一九七二)のなかで、明治以降に近代市民社会が成立してはじめて、「町」でも「村」でも「国」でもない「社会」という言葉が登場したことの重要性を指摘しています。ちょうど地域社会を指す言葉として「コミュニティ」という言葉が使われはじめた時期の著作でした。「言葉がないということはその実態がなかったからだ」との社会学者の指摘は、日本の伝統的な共同体の解体と、人為的に形成されるコミュニティ概念との関係を考えるうえで、とくに重要です。

そして現代日本の地域の特徴を、さらに具体的に分析しているのが、同じく社会学者の蓮見音彦です。蓮見は地域社会には、コミュニティ（地域生活共同体）とリージョン（地方）の、広狭二つの次元があるとしたうえで、次のように指摘しています。

コミュニティという概念に含まれる伝統的な地域生活の単位という意味あいに注目するならば、ムラ・マチ、あるいは村落や町内などが想起されようし、今日における住民の自治の単位という点を強調するならば、市町村などのいわゆる地方自治体がこれに相当するといわれることになろう。そしてこれらが二つに分化してしまったところに、あらためてコミュニティ形成が強調されねばならないことのひとつの背景がみいだされるのである。

（蓮見音彦他編『現代世界の地域社会』一九八七）

このように、地域が生活の単位であると同時に、自治の単位として必ずしも重なり合わないところに、現代社会の問題状況が生まれたといえるのです。

コミュニティの多様化

こうして、近年になってコミュニティは地域社会に限定せず、多様な意味でもちいられるようになりました。たとえば場所に関係なく形成されるネットコミュニティや趣味のコミュニティなどは「第三のコミュニティ」と呼ばれています。また、これまでは自治体の公民館や集会所などの施設を、「コミュニティセンター」と呼んできたのですが、行政用語としてこれを用いる場合、コミュニティにあえて地域を冠して「地域コミュニティ」と名称変更をしています。また地元の商店を、「コミュニティストア」、銭湯を「コミュニティ銭湯」などと呼んでいたのは、コミュニティを冠することにより、住民に身近な施設のイメージを生み出そうとしたからではないでしょうか。こうしたことは逆に、身近な地域社会、つまり居住区での地域性・共同性が失われてきたことを示しています。

したがってこれまでの伝統的な地域共同体（ムラ、村落）に比べ、地域社会をコミュニティ（共同体）と定義することができなくなりつつあったといえます。マッキーバーのコミュニティの定義の中の、地域性と地域社会感情が弱まってきていたからです。

このような状況を反映して、一九七〇年代の研究者の間では、コミュニティは実態概念ではなく目的（当為）概念だ、との議論もありました。つまり日本には欧米のようなコミュニティは存在せず、むしろ今後目指すべきものであるといった立場から、安易にコミュニティの用語を使用することに、警鐘をならしていたのです。このことは、日本の地域共同体の解体に対する研究者の危機意識を示しているとも言えます。

このように日本においても、コミュニティが多様な意味に受け止められ、またコミュニティ自体も変化しています。以下では、日本の地域社会がどのように変化してきたのか、その過程をもう少し詳しくみてみましょう。

二．日本のコミュニティ変容

都市化の進行

表1-1は、国勢調査の人口統計の推移（一九二〇～二〇〇五年）をもとに、市部人口を示したものです。市部人口は、一九二〇（大正九）年には全人口の二割弱でしたが、高度成長期には倍増し、さらに八〇年代には七六％になりました。つまり人口の四分の三が市に住んでいることになります。

なお国勢調査では、行政区画としての「市」に居住する人の割合を「市部人口」として集計していますが、もちろん市であっても農山村部を含んでおり、必ずしも人口の

年次	人口（1,000人）		割合（%）		市町村数		
	市部	郡部	市部	郡部	総数	市	町村
1920	10,097	45,866	18.0	82.0	12,244	83	12,161
1925	12,897	46,840	21.6	78.4	12,018	101	11,917
1930	15,444	49,006	24.0	76.0	11,864	109	11,755
1935	22,666	46,588	32.7	67.3	11,545	127	11,418
1940	27,578	45,537	37.7	62.3	11,190	168	11,022
1945	20,022	51,976	27.8	72.2	10,536	206	10,330
1947	25,858	52,244	33.1	66.9	10,505	214	10,291
1950	31,366	52,749	37.3	62.7	10,500	254	10,246
1955	50,532	39,544	56.1	43.9	4,877	496	4,381
1960	59,678	34,622	63.3	36.7	3,574	561	3,013
1965	67,356	31,853	67.9	32.1	3,435	567	2,868
1970	75,429	29,237	72.1	27.9	3,331	588	2,743
1975	84,967	26,972	75.9	24.1	3,257	644	2,613
1980	89,187	27,873	76.2	23.8	3,256	647	2,609
1985	92,889	28,160	76.7	23.3	3,254	652	2,602
1990	95,644	27,968	77.4	22.6	3,246	656	2,590
1995	98,009	27,561	78.1	21.9	3,233	671	2,562
2000	99,865	27,060	78.7	21.3	3,229	671	2,558
2005	110,264	17,504	86.3	13.7	2,217	751	1,466

（注）総務省統計局「国税調査報告」。ただし、1945年は11月1日現在の人口調査による。
1）1945年と1947年は、沖縄県を含まない。2）1960年では、長野県と岐阜県の境界紛争地域の人口（73人）と岡山県児島湾干拓第7区の人口（1,200人）は全国に含まれているが、市部または郡部には含まれていない。3）東京都特別区部は1市として計算されている。

表1-1　市部·郡部別人口と割合及び市町村数（1920-2005）

密集地帯を意味しません。いずれにしても、日本全国の多くの「村」がなくなり、自然豊かな農山村も町や村でなく、市と呼ばれるようになりました。現在ではほとんどの国民が「市」の名称の都市に住んでいます。もちろん市のなかにも、集落の存続が危惧される限界集落も存在しています。

国勢調査では、人口密集地区について「人口集中地区人口」として集計しているのですが、これは一般的用語で「市街地区人口」と呼ばれるものです。これによって都市の密集度を測ることが可能です。もっとも、市街地に居住するといっても、一般に呼ばれる都会ではありません。

市部人口と市街地人口のどちらを使うかは、何を明らかにするかにより異なります。厳密にみると、市街地区人口は、一九二〇年に全人口の約三割であったものが、八〇年には約六割に上昇し、二一世紀に入った二〇〇五年には八割に達しています。

大都市圏域への人口集中

図1-1は、都道府県別に「市部人口」を示したものです。巨大都市とくに東京・大阪・名古屋・福岡にかけて、太平洋と瀬戸内海の沿岸に人口が集中しているのがわか

ります。これを一九六〇（昭和三五）年、一九七〇（昭和四五）年、さらに一九八〇（昭和五五）年の二〇年間の変化をみると、一九六〇年では市部人口が五〇％以上の都道府県は、大都市圏のなかでも関東の東京・神奈川、近畿の大阪・京都だけです。一九七〇年になると、東海道および関西、九州の北部地域で市部人口が増えています。さらに大きく変化するのが一九八〇年で、東海道のメガロポリス地区と同時に大阪から連続して、山陽、いわゆる中国地方の瀬戸内海側地帯、さらに北九州の福岡・大分を含み、都市圏が帯状につながっています。

大都市圏域以外でも、北海道、北陸の富山などで市部人口の割合が高く、たとえば北海道では札幌・旭川、富山では富山市・高岡市などの特定の市に、エリア全体の人口が集中したためとみられます。

このように同じ日本列島のなかでも、地域によって人口の分布変動の現われ方が異なります。特に大都市圏域と地方都市圏域とでは、全く違った分布になります。したがって人口移動の要因については、それぞれ具体的地域について分析する必要があります。

しかし大きくは農山村部から都市部への流れが認められるのです。このような人口

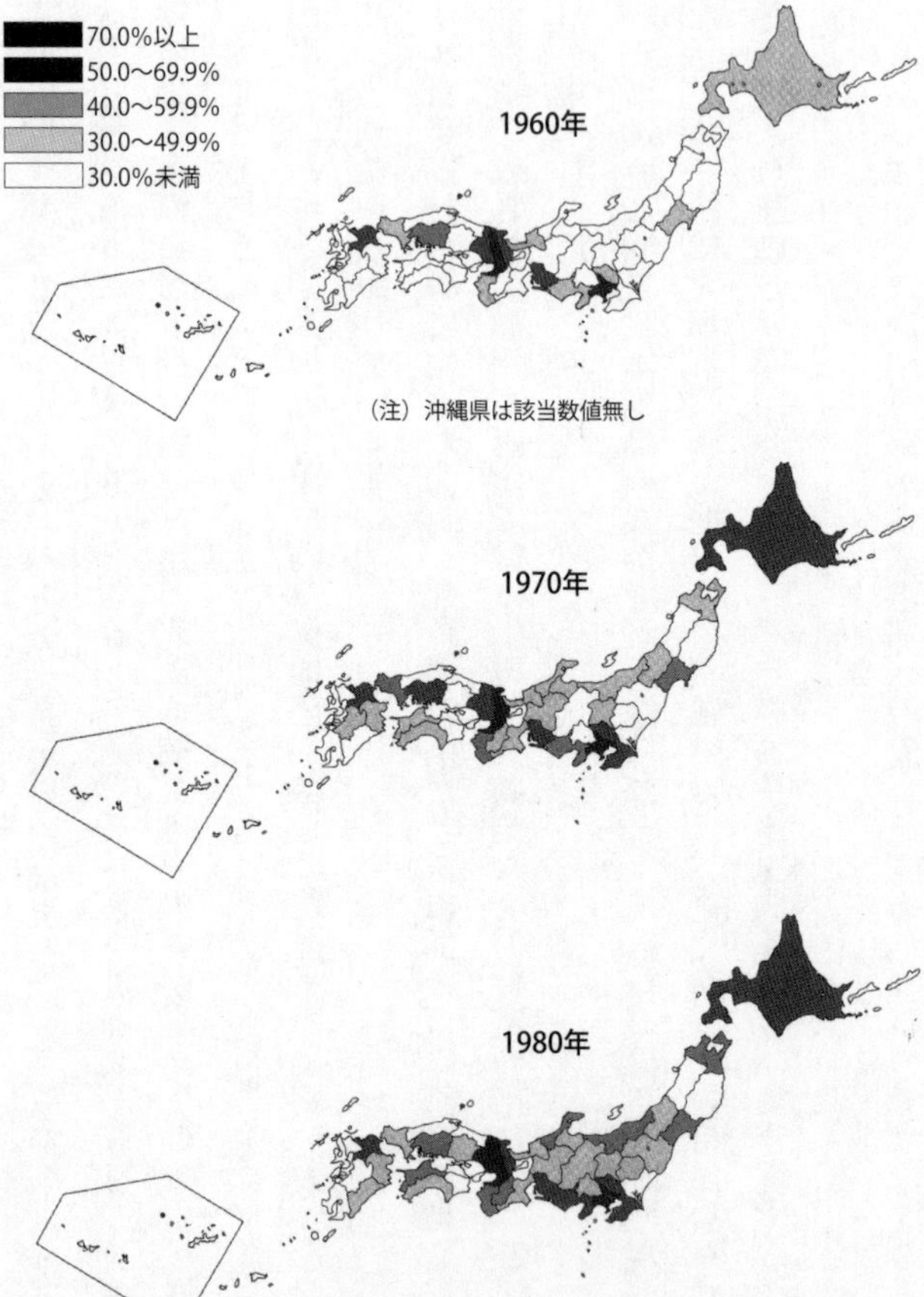

図 1-1　都道府県別市部人口の割合　（出所）総務省統計局『モノグラフシリーズNo.3』

移動の現象を、一般に「都市化（Urbanization）」と呼んでいます。

日本列島全体で引き起こされた都市化現象が、地域社会をどう変えたかについて、政策の変化を中心にみていきましょう。以下では、一九四五（昭和二〇）年以降現在までの地域社会の変遷を、再建期、再編期、調整期の三つの段階に分けて整理します。

再建期の強力な地域開発

「再建期」（一九四五〜一九五九）は、第二次世界大戦後の荒廃した生産・生活基盤を、再建しなければならない時期でした。日本を再建するための人材養成も必要でしたが、食糧の増産とエネルギーの確保が、国の大きな政策課題になっていたのです。

一九五〇（昭和二五）年の全国総合開発計画法に基づき、日本列島のなかにいくつかの拠点をつくって、地域の開発を行います。太平洋ベルト地帯だけでなく、新産業都市・工業整備特別推進地区を指定するために、特別の立法が行われました。

また一九五二（昭和二七）年の電源開発促進法に基づき、工業生産を高めるための電源開発が全国で展開されます。国土開発のために、ダムが作られ、発電所が整備されていきました。そして一九五三（昭和二八）年には、ＮＨＫのテレビ放送がはじまります。

街頭テレビに人びとが殺到する光景は、情報化社会の先駆けといえるものでした。

一九四〇年代後半、全国の農村では、子どもたちが机などの教具も不十分ななかで学習していました。子守をしながら小学校へ行くような状況もみられたのです。戦前には「子守学校」の呼称があったくらいです。

このように戦後の復興、再建のためには、食糧の増産やエネルギーの確保が急務とされ、教育設備も貧困な状態のなかで、働きながら学校に行く人びとも多くみられました。一九六〇年代高度経済成長期以前の段階、一九六四（昭和三九）年の東京オリンピックや東海道新幹線が建設される前に、国はこのような形で地域開発を計画的に強力に展開したのです。

人口の地域分布のアンバランス

「再編期」（一九六〇〜一九七四）は、東京オリンピックにはじまり、新幹線が日本列島を走る時代です。高速輸送網の整備が開始された一九六四（昭和三九）年は、ちょうど東京オリンピックが開催された年でした。これと並行して東名、名神、山陽、関越などの高速道路網も整備されはじめます。

東京オリンピックには、当時最大の九四ヵ国、五五四一名の選手・役員が参加しています。オリンピックの開催は、アジアの先進国として日本が国際社会にデビューした象徴的な出来事でした。経済の再建・再編の真っ只中に、国民の意識高揚のために行われたと捉えることができます。

しかし、経済成長を支えるための人口(労働力)の都市集中にともない、全国規模で過密・過疎といった、社会問題が発生してきたのです。農山村地帯から都市部への出稼ぎ、集落移転など、人口の都市部への流出が恒常化するなかで、「挙家離村」、「三ちゃん農業」、また「集団就職」などの言葉が使用されました。

高度経済成長期の大都市への労働力集中は、日本列島総動員で行われました。この時期に、過疎地域の学校がなくなり、中心部の学校へ統廃合されています。一方、大都市では住宅団地やニュータウンが形成され、学校も新設されました。大規模な住宅団地の造成は、就学年齢人口の急激な増大をもたらし、各地で校舎の建設が間に合わず、仮設校舎、いわゆるプレハブ校舎が校庭につくられたのです。このような現象はとくに東京、名古屋、大阪など、大都市圏域の新興住宅地区やニュータウンで顕著でした。

このような人口の移動・分布変動のなかで、全国総合開発計画の見直しが行われ、一九六九(昭和四四)年、新全国総合開発計画(新全総)が策定されます。旧全総によって引き起こされた過密・過疎の問題を解消するために、今度は拠点ではなく、地方に中核管理都市、地方生活圏といった、国民の日常生活のための圏域・エリアを計画・設定したのでした。

自治省(現・総務省)では、個別の市町村でなく「広域市町村圏」を提起し、人びとの生活基盤と産業基盤を、総合的・統合的に考えなければいけないと認識しはじめました。そして各省庁でも、国民の生活の充実といった視点から、どのように地方を再編していくかが、それぞれの政策部門で検討課題になっていきました。

定住圏構想に即した生活圏

一九七五(昭和五〇)年以降、オイルショック時期から現在までを、高度経済成長の歪みをただすための「調整期」と呼ぶことにします。半世紀にも及ぶ調整期にも、第三次、第四次、第五次といった全国総合開発計画が続きました。一九九八(平成一〇)年の「二一世紀の国土のグランドデザイン」に至るまで、およそ一〇年ごとに策定されてきたのですが、歪みの調整にはこのように多くの時間が必要でした。

そして二〇〇八（平成二〇）年に国土形成計画（全国計画）が閣議決定されます。これまでの開発中心主義からの転換を意識したもので、「特性に応じて自立的に発展する地域社会」を目指すとされています。二〇一六（平成二八）年に改変された国土形成計画（広域地方計画）では、新しい国土の基本構想である「対流促進型国土」の形成をねらって、全国八ブロックごとに、おおむね一〇年間の「国土づくり」の戦略を圏域ごとに定めています。東北圏広域地方計画、首都圏広域地方計画、北陸圏広域地方計画、中部圏広域地方計画、近畿圏広域地方計画、中国圏広域地方計画、四国圏広域地方計画、九州圏広域地方計画であり、北海道と沖縄県については従来どおり別の法律による計画が策定されることになっていました。

国土形成計画の基本的な柱は「定住圏構想」による「人間居住の総合的環境」の計画的整備にあるといえます。一九七九（昭和五四）年に政府の各省庁が、定住圏構想推進のための連絡会議を開いています。定住圏構想推進には、国として広域水系の管理、国土の適正な管理、工業の再配置、地域産業の育成が含まれています。雇用機会の確保、教育機会の拡充、医療施設の整備などが課題とされ、全国的な交通通信ネットワークの整備により定住を実現するというものでした。定住構想に即した新しい生活圏が確立されるよう、全国にわたり定住条件の整備を促進する必要があることを、連絡会議で検討・調整してきたのであり、上記の八ブロックの圏域もこの構想の発展形といえます。

開発から形成へ用語は変わり、計画も何回も改編されていますが、一九九九（平成一一）年八月の閣議決定による「広域連合」による地域の再編構想は、従来の広域市町村圏の枠を越えて、自治体が中央の政策・支配から脱し、独自の地域社会を形成しようとするものとみてよいのではないでしょうか。戦後日本の都市化、人口集中によって解体された日本の地域社会を、もう一度創り出そうとする試みであったとも言えます。

産業構造の大転換

ここで重要なことは、国の政策により、地域社会の基盤・産業構造が激変したことです。図1‐2は、一九五〇（昭和二五）年から二〇一五（平成二七）年までの国勢調査による産業別就業人口の実数と割合を示したものです。まず構成比をみると一九五〇年代以降、急激に第一次産業が減少し、第二次・第三次産業が増大しています。とくに一

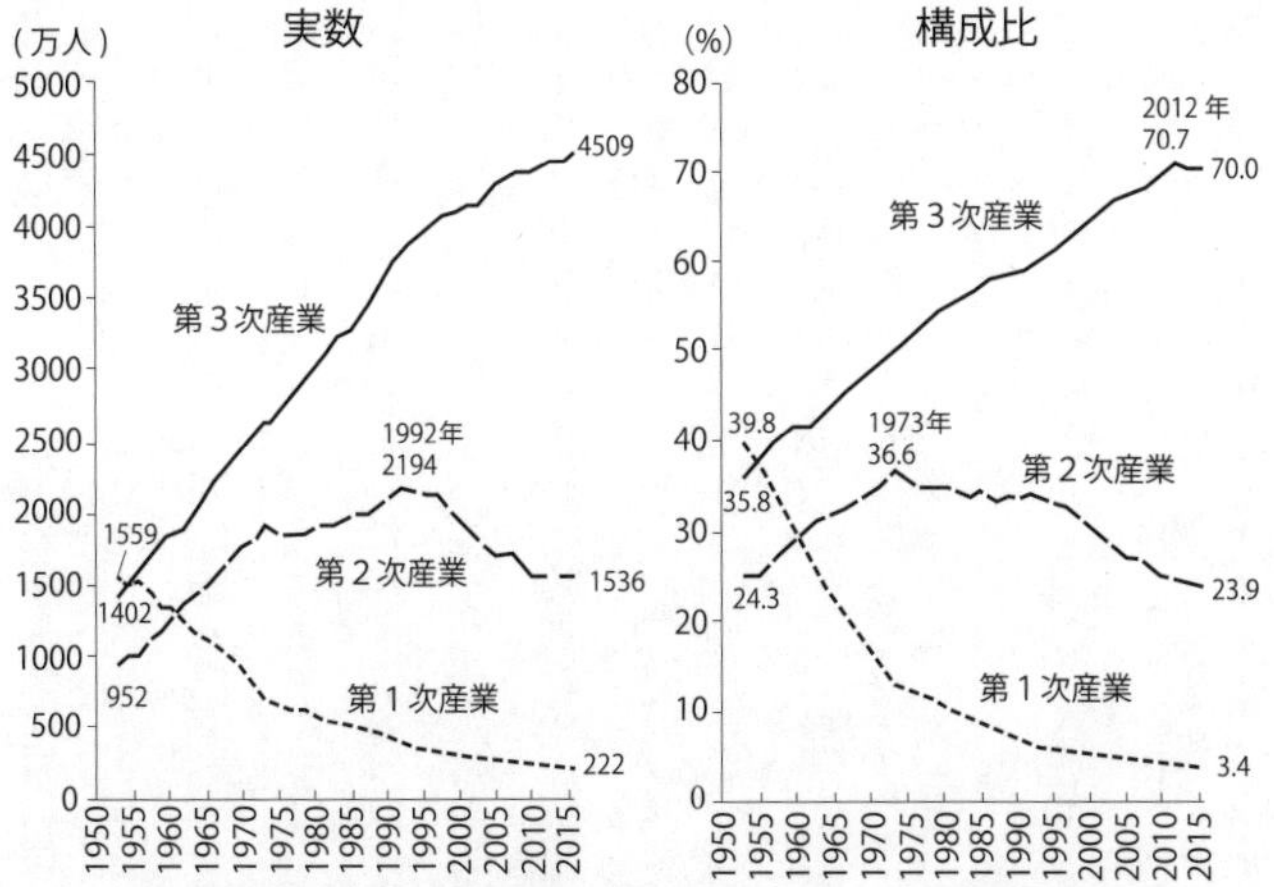

(注) 1953〜2016年の各年データ。産業不詳の就業者があるための構成比の合計は必ずしも100となっていない。

図1-2　産業別就業人口の推移　(出所) 総務省「国勢調査」

九七〇年代からは、第三次産業のウエイトが急激に上昇しています。このころ日本は農業社会から工業社会へ、そして商業・サービス・情報を中心とする産業社会に大きく転換してきました。とくに情報産業の興隆は、人びとの生活様式、生活意識を大きく変え、教育に対しても大きな影響を与えることになります。

さらに重要なのは就業者人口が、第二次世界大戦後に急激に増加していることです。左側の実数図は産業別の就業者数の推移を示したものですが、就業者数の合計が大きく変化している点に注意してください。一九五〇（昭和二五）年の就業者数の合計は、約三九〇〇万人ですが、総人口の増加に伴い二〇一五（平成二七）年には、約六二七〇万人にまで増大しています。その後減少傾向が認められますが、当面は約六〇〇〇万人程度を維持するとされています。

ここで注目すべきは、一九五〇年の第一次産業就業者が一五五九万人で、全体の四割近くを占めていましたが、一九六〇年代の高度経済成長期を経て、二〇一五（平成二七）年には二二二万人、構成比で三・四％にまで減少している点です。食料や木材などほとんどを輸入に依存する農林水産業の衰退は、花卉《かき》類や果物など付加価値の高い農業への転換により、若い人びとを参入させているとはいえ、世代の交代は大きくは進んでいないのです。

こうした産業構造の変化も、従来の職業を介した地域内のつながりを弱くし、地域コミュニティを変容させてきました。

人口減少と地域社会

日本の総人口は、一九二〇（大正九）年にはおよそ五六〇〇万人でしたが、五〇年後の一九七〇（昭和四五）年には急増して、一億人を超えたのです。その後二〇〇八年に約一億二八〇〇万人を頂点として減少をはじめたのですが、国立社会保障・人口問題研究所の中位推計によれば、二〇二五年には約一億二一〇〇万人、二〇五〇年には約九七〇〇万人になると見込まれています。本格的な人口減少社会を迎えることになります。

また、二〇〇五年に一・二六まで低下していた合計特殊出生率はその後上昇に転じ、二〇一四年には一・四二となっています。しかし、現在の人口を維持していくために必要な出生率を指す人口置換水準の二・〇七まではまだ開きがあり、今後、出生率が回復したとしても、数十年間は総人口の減少が避けられません。

さらに団塊の世代が、二〇二五年に七五歳、二〇三〇年には八〇歳を越えることとなり、大都市での医療・介護・福祉需要が増加します。とくに大都市圏近郊のニュータウンでは、急速な高齢化率の上昇により、まちとしての活力の低下が予想されます。高齢者単独世帯の増加等が喫緊の課題となり、医療・介護・福祉政策だけでなく、都市・住宅・交通政策等のバランスのとれた取組が必要となるのです。

これまでみてきたように、一九六〇年代の高度経済成長期の地域開発政策は、全国各地の地域社会に大きな歪みをもたらしました。その解消のためには、「国民の定住圏」を基礎とした、地域社会の再生が課題となったのです。

もちろん地方圏域では、すでに高齢化に対応した施策が不充分とはいえ進められてきたのですが、大都市圏域で、退職して時間に余裕がある「健康な高齢者層」の増大にどのように対応するかが社会問題化しています。高齢者が生きがいをもち、地域社会つまり「まちとしての活力」にとってプラスとなるように、高齢者が活躍できる機会の提供が重要です。社会教育施設としての公民館や社会教育会館、コミュニティ・センターや住区センターなどを場として、福祉・医療・教育が一体となった「地域教育プロジェクト」の創造が、人口減少社会の大きな課題となっているのです。

◉第二章

教育をひろい視点から捉える

教育という営み、つまり人間の成長発達（人間の社会化）は、地域社会のどの部分（組織）と、またどのような働き（機能）とかかわっているでしょうか。

社会科学において地域社会とは、第一に、一定の地理的空間において存在するものであり、第二に、そこに人びとの生活の協同性が成立する場面である、としています。つまり地理的空間と、人びとが協同で生活を営んでいることを、地域社会の二つの柱としているのです。本書でも「地域」と「地域社会」をほぼ同義語で使用し、文脈により両者を使い分けていますが、日常生活場面ではさして問題はおこりません。しかし日常用語と研究・分析上の学術用語は異なっており、研究課題・テーマの立て方によっては、これを厳密に区別することが大切です。ただ、ここでは「学校の立地する地理上の空間としての地域と、人びとの共同生活の単位としての地域社会は、必ずしも一致しない」といった表現で、問題の所在を提示するにとどめたいと思います。

一．教育環境の構造

環境と地域との類型

ここでは、地域社会を教育環境の視点から捉えるために、そこに成立する教育現象について「社会環境」と「自然環境」の側面から、「都市と農村」、「中央と地方」、「自然と人工」とを対比する形で捉えてみたいと思います。

図2-1はその類型を図で示したものです。まず、地域を「地方-中央」の軸で示しています。また環境を「社会的-自然的」の軸で示します。山村留学など自然体験を中心とした教育実践も、都市部での自然の喪失に対応したものですが、近年は「天然」ではなくとも「人工」の自然が、地方でなく中央の都市で整備されてきています。したがって、あえて農山村に行かなくても、自然体験ができます。山村留学については第六章でくわしく取り上げますが、都市の人工的な自然体験と比べたとき、地方の農山漁村での体験で重要なのは、自然体験だけでなく「社会体験」ができることです。伝統的な因習や風習など、これまで日本社会が培ってきた生活文化は、封建的なものとし

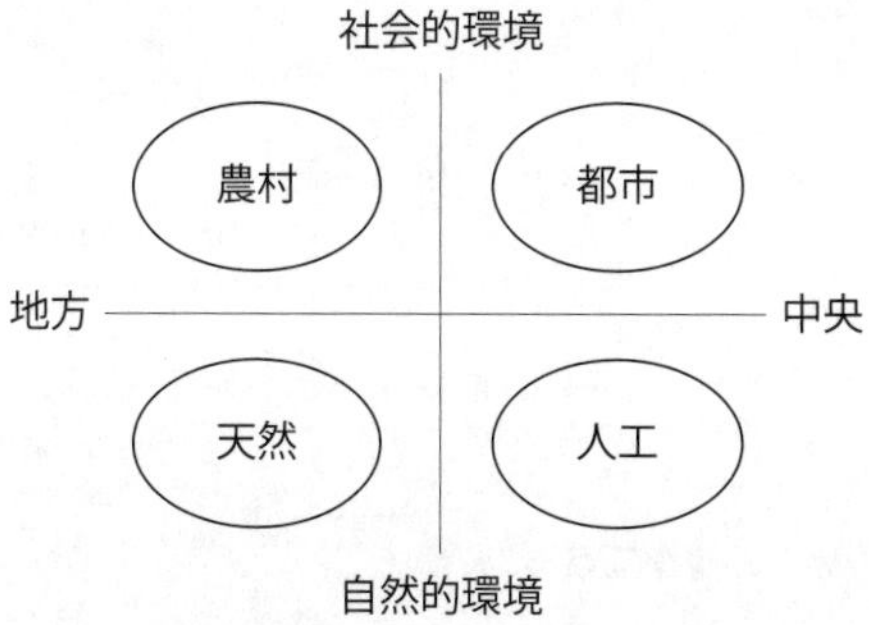

図2-1　環境と地域との類型

て否定される側面もありますが、地域生活における人びとの共同性と地域性、濃密な人間関係から、都会の子どもたちだけでなく、おとなたちが体験し学ぶことは大きいといえます。

　こうしたことを念頭に置いた上で、地域社会のなかで教育を担う主体には、たとえば、家族、仲間集団、職場といったさまざまな集団が含まれており、そのなかで人間の社会化が行われています。このような地域社会に成立する集団は、互いに重なりあって、密接な関係をもって存在しています。こうした多様な主体が存在する地域のなかで、どのように教育が行われることが理想と考えられているのでしょうか。以下、おとなの職場環境は取り上げず、子どもの仲間集団は地域的環境に含めて考えてみます。

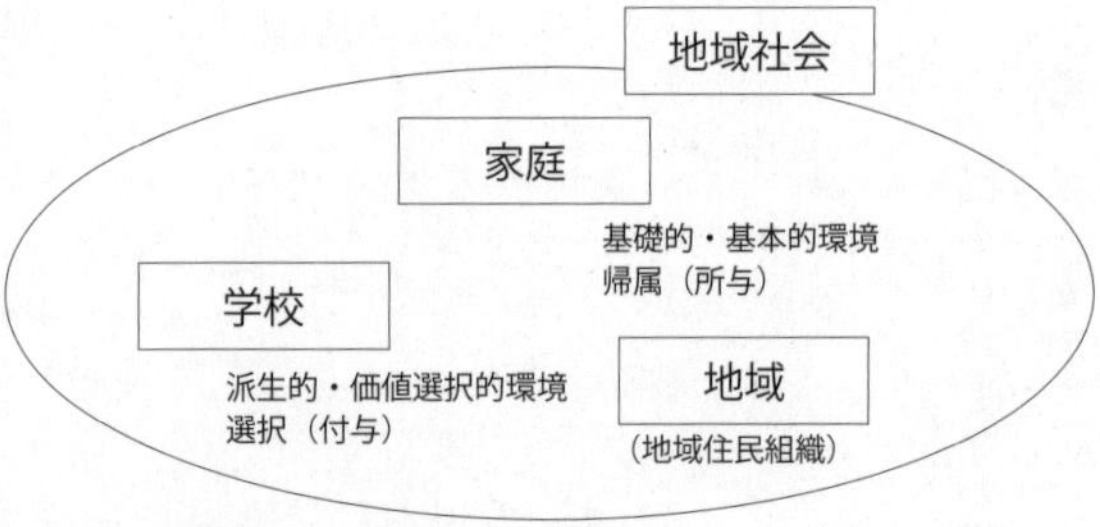

図2-2　教育環境の3分野

教育環境の三分野

地域社会の教育環境を類型化したものが、図2-2です。教育環境としてまず浮かぶのが「家庭環境」でしょう。この世に生を受けて、人間となるための基本的なことを学ぶ環境は家族であり、家族の生活が展開される場面としての家庭が、最も基本的な教育環境となるのです。

子どもは成長にともない家庭から外の世界に出ていきます。そこで「地域的環境」が問題となるのですが、親の庇護を離れ、家族以外の人間関係をそこで取り結ぶことが大切です。近所の子どもや、おとなとの関係をどのようにつくりあげていくかによって、社会性が形成されるのです。その意味で地域的環境の「地域」は、地域住民あるいは地域住民組織と言い換えることができます。

子どもは就学年齢（六歳）になると、義務教育の学校が、教育環境の中心を占めることになり、教育は「学校的環境」に移って行きます。この家庭的環境、地域的環境、学校的環境が地域社会の教育環境の三分野です。

また、家庭や地域はそこに生まれることにより宿命的に組み込まれる集団ですから、家庭的環境と地域的環境の二つは、子どもにとって多くの場合、本人の意思とは別にあらかじめ与えられたといった意味で「所与」の環境として成立することになります。この家庭的環境と地域的環境の二つを合わせて「基礎的教育環境」と呼ぶことにします。

一方、家庭や地域に対して学校は、人為的・意図的・制度的にあたえられる集団です。とくに公教育としての学校は、家族や地域を統制する集団として、地域社会のなかに計画的に設立されるため、前の二つの教育環境とのあいだに、緊張関係を生み出すことになります。このように学校的環境、とくに義務教育の学校は、家庭や地域社会に「付与」されたものです。これを「派生的教育環境」と規定します。

三位一体の教育

最も理想的な教育環境とは、この基礎的教育環境と派生的教育環境の二つが、同じ方向へ作用することです。つまり学校が、家族・地域と「三位一体」の形で機能することと言えます。しかし、現代社会はこの三者の関係が、バラバラの状況にあるのではないでしょうか。

三位一体の教育が実現していないのは、今に限ったことではありません。第三章で学校について取り上げますが、学校と家族や地域社会とのあいだの緊張関係は、近代の学校成立以降存在していました。国民社会の建設のために、住民が主体的に選択するというよりも、国民の義務として、子どもたちは学校に強制的に組み込まれてきた歴史があるのです。子どもの学校への不適応現象が急増するなかで、学校選択の自由が叫ばれる背景には、これまでの日本の学校のあり方への批判が、根強くあることも事実です。

しかしその一方で、近年の学校は地域の統合というよりは、多様な住民の個別の要求に応える形で、地域社会の多元化・分散化をもたらす傾向にあるのではないでしょうか。また基礎的環境の方もうまく機能していません。家庭が地域から切り離される状況が生まれ、地域住民組織が解体される、あるいは形成されなくなっています。

一九六〇年代の急激な社会変動により、日本人の生活様式とくに地域生活のあり方は大きく変わりました。地域への定着性は減少し、人間関係の希薄化は、大都市地域の問題ではなく、日本全国共通の現象となっています。生産と消費の分離、交通・通信網の発達による情報ネットワーク網の整備など、社会・経済的条件に規定されて、教育環境は大きく変容させせられたのです。地域社会への帰属意識やアイデンティティは薄れ、地域社会そのものの存在が問われるようになっています。

地域と家族そして学校が教育環境として十分に連携できなくなっているなかで、子どもの成長・発達を保障する総合的・体系的な教育環境をどのように確保していくかが、地域社会の立場からの教育課題となります。

しかしながら、三位一体論は理念として現在も生き続けているのですが、それを免罪符として唱えただけでは、問題は解決しません。学校の連携の前提となる家庭や地域社会そのものが、危機的状況にあることへの正確な認識が、教育関係者に求められています。いずれにしても、地域社会への過剰な期待はできない事態が生まれているのです。

教育環境のダイナミックス

教育環境はバラバラになりつつあるとはいえ、今もなお、学校などの派生的教育環境は、家庭や地域といった基礎的教育環境に影響を与えています。つまりこの二つの教育環境は二重構造をもち、どちらも影響しあっています。単独で機能するのではありません。だからこそ現実の教育環境は、さまざまな形態をとることになります。

したがって、よい環境、悪い環境といった二分法的な視点から、個別の条件を固定的に捉えることも、問題の所在をあいまいにさせることになります。たとえば、子どもの問題行動の原因を分析するとき、これを親・家庭、教師・学校、住民・地域組織などの、個別的な条件に結びつけてはならないということです。

さらに教育環境は、歴史的・国家的条件によって意図的に操作されるといった特性をもつので、教育環境の問題はつねに流動的であり、そのときどきにその評価の基準を異にする必要があるのです。もちろん善悪の逆転も起こりますし、その条件の変化には、予測可能な部分と不可能な部分があります。これまでの社会にくらべて、現代社会は予測不可能な部分が増大しているだけに、私たちは教育環境をダイナミックに捉える視点が求められているのです。

以上のことを踏まえたうえで、実際に地域と学校、そして家庭をつなげる、三位一体の教育に向けて、地域教育の強化に具体的に取り組みはじめている京都の事例を検討してみましょう。

二　地域教育が社会を変える

京都市の「地域教育」の理念と構想

地域教育という用語も、コミュニティと同じように、研究レベルでは一九六〇年代の高度経済成長期以降に使用されはじめていました。大学の研究室に「地域教育研究室」や、「地域教育研究会」の名称がみられたのもこのころでした。しかしながら教育行政としてはじめて「地域教育」を使用したのは一九九〇年代の京都市においてでした。

京都市は一九九七（平成九）年に、教育委員会内に「地域教育専門主事室」（二〇〇七年に廃止）といった名称の組織を設置しています。マスコミは、このユニークな機関を次のような見出しで報道していました。

「いじめ・不登校、学級崩壊――問題解決、学校訪問から」（毎日新聞一九九八年一月二六日）、「〝縦割〟の弊害解消――第三者の立場で問題解決――地域・家庭の教育力UP、学校・教師への信頼回復」（産経新聞一九九八年四月一〇日）「地域のコーディネーター――いじめ、学級崩壊などに対応――」（日本教育新聞一九九八年五月三〇日）など。このように一般には、いわゆる学校をめぐる「教育病理」に対応する組織として受け止められていたのです。

それはこの組織に配置された「地域教育専門主事」が、現職の校長体験者・資格保有者など学校の管理職者だったためでした。しかし、組織名に示されるように学校教育だけでなく学校外の地域社会のなかで展開する教育活動についても、一定の役割を担うことが期待されていたのです。

そして、地域社会と学校との関係を学校の外に開き、同時に学校の内に開くといった基本理念に基づいて、地域教育の構想図を作成している点が重要です。図2‐3に示すように、開かれた学校（特色ある学校）のためには、まず、うちに開かれた学校をめざして、個が生きる学校づくり（楽しい場）、教職員の意識改革、多様な学習形態・指導体制の工夫、校務分掌の見直しの四点をあげています。さらに開かれた学校づくり委員会（仮称）のなかに、これも仮称ですが「地域教育主任」を校務分掌として位置づけています。

外に開かれるためには、学校の公開・情報発信、地域素材の教材化・学習成果の還元、さらに地域の社会教育施設・文化施設や地域の各種団体・組織と、積極的に連携

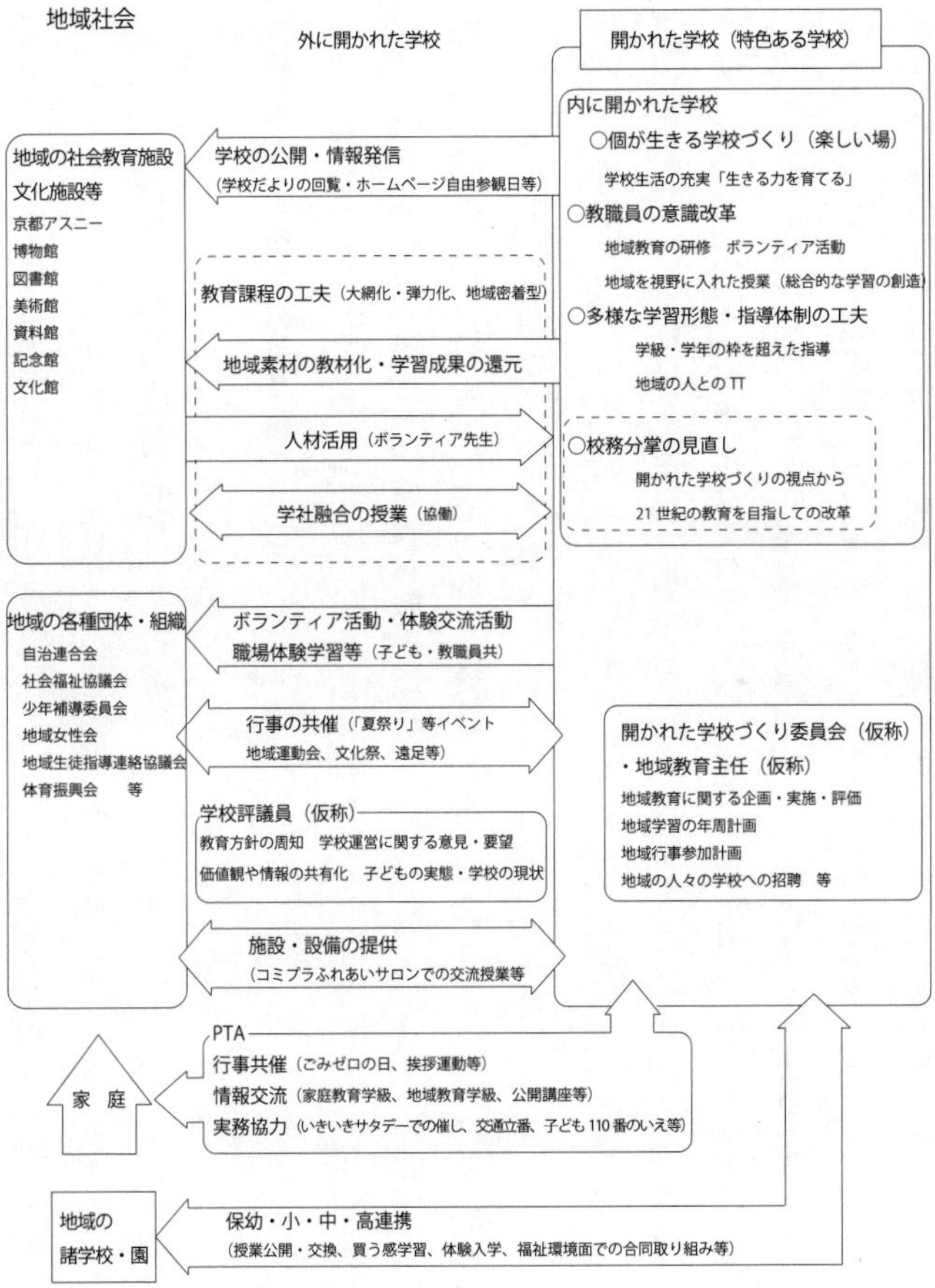

図2-3　地域教育の理念と構想

（出所）京都市教育委員会地域教育専門主事室『地域と育む子どもたち』（1999）

事業をすすめることの重要性をも示しています。もちろん家庭・地域と学校をつなぐPTAの役割についても示しています。地域教育の実践を考えるうえでの手がかり（視点）が、この構想図に集約されているのです。

統廃合による新設校の教育実践

この構想を具体化したのが、図2-4の京都市立洛央小学校の「洛央生き生きプラン」です。図の最下段に「地域教育の推進（地域と共に歩む学校づくり）」として、「地域の自然や伝統文化に触れ、地域に学ぶ洛央教育」とあります。まさに二一世紀の学校づくりの基本を示しています。

洛央小学校は市の中心地区中京区にあり、京都市内最初の統合新設校です。一九九二（平成四）年に、七学区（町組）のそれぞれ六学級規模の五つの学校（計三〇学級）の統合により、一八学級の学校が生まれました。狭い敷地を最大限に活かした学校建築で、「すべてが教育空間」といった理念のもとで設計されています。広大な玄関ホールは、ギャラリーも兼ねた学習の場となっています。全学級が収容可能なランチルーム、地下を活かした体育館だけでなく、屋上の校庭やドーム式のプールも設置されています。設

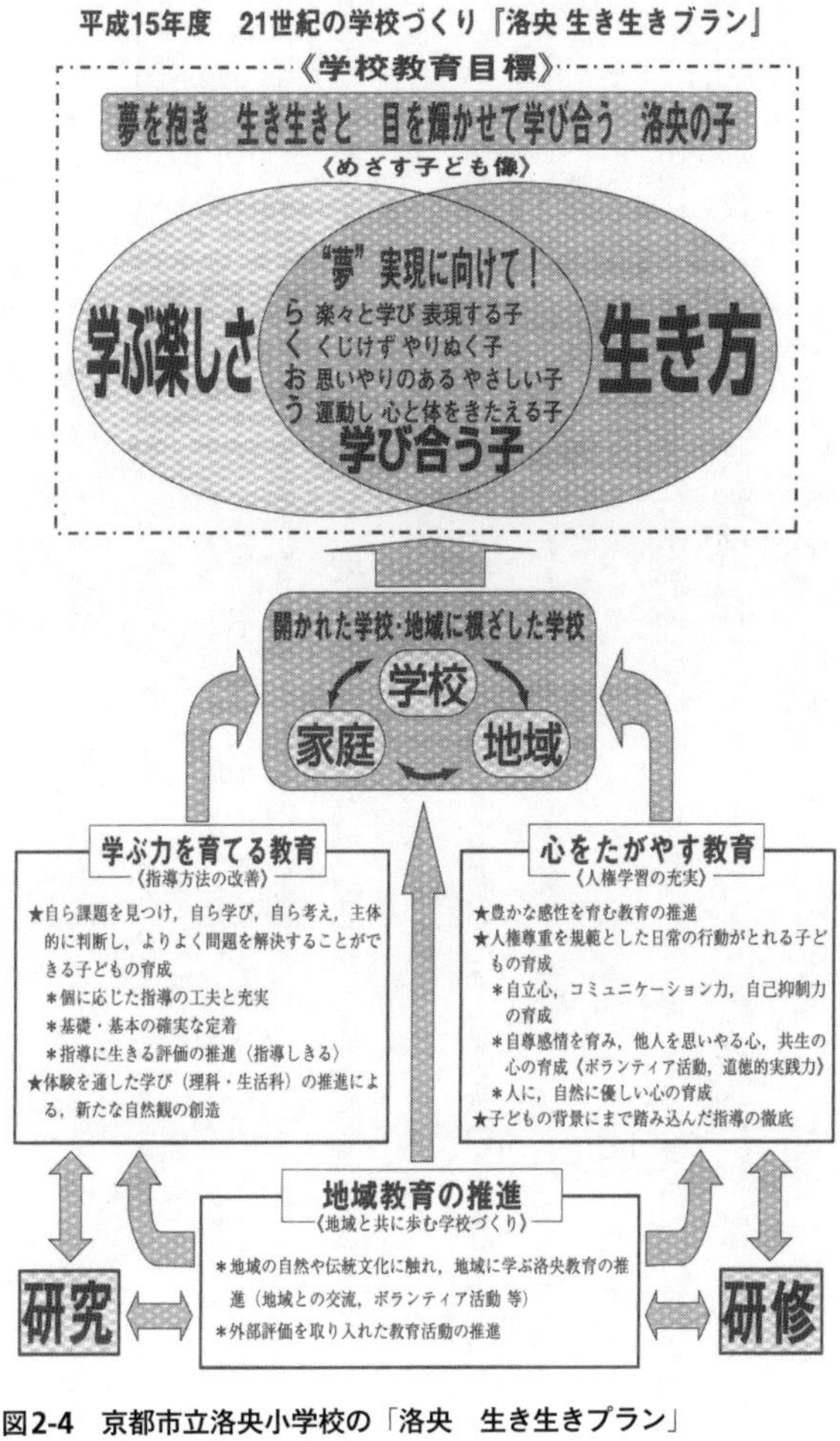

図2-4　京都市立洛央小学校の「洛央　生き生きプラン」

備・備品も充実しており、各階に設けられたオープンスペースの教室は、機能的な構造になっています。

オープン形式の教室では「子どもが落ち着いて学習できないのではないか」との質問にも「子どもたちは、クラス担任の声を聞き分けており、必要な情報はキャッチして、集中して学習しているのです。このような子どもたちの姿をみてもらえば、保護者は納得してくれる」と応えています。学校の内にも開かれ、学校の外にも開かれた学校は、まさに「開かれた学校と地域」の関係を、学校統合を契機に構築しようとしていたのです。

この洛央小学校に統合された、旧開智小学校区の元自治連合会長の大森延三九氏は、地域にとって、学校のもつ意味について、その想いをこう語ってくれています。

先祖代々、学校は自分らが創ったといわれ続けてきました。昔から教員室の横に自治連合会の事務室があり、消防団も敷地の一角にありました。想いだけでなく、なんでも学校を集会所みたいな扱いにしていましたね。昔と違ってひとつの心といっても、考え方が変わっているので、自治連合会をひとつにするというのは、やりにくくなっていますね。体育振興会や少年補導などは、ほかの小学校区（京都では元学区と呼称）と連携しています。統合されて二〇年近くたち、洛央小に入り巣立つ子がたくさん出ていますから、新しい関係をつくらなければなりません。学校がなくなっても子どもたちに地元意識をもってもらうために「開智・童心太鼓」のサークルをつくり、和太鼓で開智の名前を残そうと頑張っているのです。

筆者の「新しい学校を中心に、新しいコミュニティができるのでは」との質問には、「そうせないかん」と応えてくれました。学校がなくなっても、地域＝郷土（身近な地域社会）へのこだわりは、地域社会の教育機能の大切さを教えてくれているのではないでしょうか。

「地域教育専門主事室」の実践

主事室の迫田恒夫室長はこの組織の役割について次のように語ってくれています。

不登校などの対応のためにスタートしましたが、これらの問題の解決には地域や家庭の協力がなければのり越えられませんでした。入り口はいじめ・不登校や学級崩壊などだったのですが、問題解決には地域の力をつけていかねばならなかったのです。したがって当面の教育課題の解決だけにとどまらず、それを支えている地域社会の教育力をどう高めてゆくかが、大変おこがましいが私たちの役割になってきていたのです。

地域の教育力を高めるためには、学校と地域との協力が不可欠なのですが、そのためには、まず学校を知ってもらう努力が大切だとの認識のもとで活動開始しています。就学児童・生徒のいる家庭は、地域では少数派であることを考えると、学校から情報を発信し理解を深めてもらうことが、地域の教育力向上につながると考えたからに他なりません。

京都市では当時、市内の一八一の小学校の八〇%以上で、「学校便り」を全世帯に配布しており、地下鉄の駅の掲示板にも貼りだしていました。また、PTAだけでなく全地域の住民に学校に来てもらう企画も進めています。迫田氏は、この点について次のように指摘してくれました。

まずは来てみて、見てもらって、そしてやってもらう。「ホップ・ステップ・ジャンプ」の語呂合わせではないが、地域の方は学校と連帯して行こうという気分になってきています。まだ緒についたばかりですが、これからは地域と連携していかなければ、学校は存立してゆかないのではないかとまで考えているのです。

この室長の認識は貴重であり、それはすべての学校に共通することでした。地域を自明のものとして地域の協力を求めてはいけないことを教えてくださったのでした。

主事室では一九九九（平成一一）年度に市内の二〇校を地域教育推進協力校に指定し、各校の校務分掌に地域教育担当者をおき、具体的な実践を研究としてまとめあげています。この成果を全市に広げるために、『京都の地域教育――地域と結ばれた学校づくりのススメ』（一九九九）を刊行しています。

また「光り輝く子どもを、地域とともにはぐくむ学校づくり」をスローガンに、夏季に開かれた「地域教育フォーラム・イン・京都」の分科会では、地域と連携した教育実践を、教師と住民が共同発表していました。なおこの地域教育フォーラムは、二〇〇

図2-4　京都市の「地域教育フォーラム」報告集

九年まで毎年開催されていました（図2-4参照）。

迫田氏は、『Let's Together いっしょにやりましょ』（二〇一四）のなかで、一一年間の室長としての実践を振り返って、次のように記しています。

この組織は、教育の負の現象である、いじめ・学級崩壊・不登校・子ども虐待等に対応するとともに、こうした事象の解決には、学校と家庭・地域の連携が不可欠であるとして、学校運営協議会を先導したり、中学生の社会体験（生き方探求チャレンジ体験事業）を拡大するなど幅広い活動に取り組み、京都市の教育改革推進に大いに寄与しました。

また『京都発　地域教育のすすめ』（二〇〇五）と

図2-5 『京都発地域教育のすすめ』2005

題した「地域教育専門主事室」編集の著作もあります（図2-5）。サブタイトルには「学校がかわる地域がかわる」と記されています。約一〇年間にわたる地域教育専門主事室の実践の成果をまとめたものですが、学校が変わるのが先か、地域が変わるのが先かは、示されていません。同時に変わるのかもしれません。学校が変わることによって、というよりも学校それ自体を変えることによって、地域を変えることができると考えていたのではないでしょうか。この点は極めて重要だと私は考えるのです。

生涯学習・社会教育との連携

学校と地域との連携には二つの形態が考えられます。ひとつは「地域の活動に学校が参加・協力」する形態で、もうひとつは「学校の活動に地域が参加・協力」する形態です。これまでは後者の実践の方が多くみられたのですが、地域の教育力を高めるためには前者、つまり学校が地域に出て行くことが重要になります。これは行政では、生涯学習・社会教育の領域です。

京都市では市内の小学校区を単位に、余裕教室を活用して「学校ふれあいサロン事業」を展開していました（二〇一四年四月一日現在一二〇校）。

これは地域での文化活動や生涯学習の拠点として、学校を中心に場の提供をするために、一九八九（平成元）年に計画された「学校ルネッサンス事業」の流れに沿うものです。学校施設を利用して、地域住民の生涯学習センター的役割を担わせたのです。管理運営委員会には、学校長や教員が参加し、各種企画・実施に学校が全面的に協力する形態をとっていましたが、現在では自治連合会など、地域の住民組織が、主体的に関わるようになっています。

京都市は大学など各種教育機関や文化施設が多く、市民のための講座など学習の機会を提供しており、また市の生涯学習センターは中京区と山科区に二館あり、全市を対象に多様な学習メニューを提供しています。したがって学習の機会に恵まれているのですが、時間的・地理的な制約があります。とくに京都市の場合は、公民館が居住区にないため、身近な場での地域の人間関係を通しての共同学習は、どちらかというと不足がちでした。したがって、日常の共同生活の範域の小・中学校施設での生涯学習が重要になってきたのです。

さらに住民の生涯学習のニーズは多種多様なため、小学校区単位で応じられないものについては、二中学校区を基準に「学校コミュニティプラザ事業」（平成七年度開始）によって対応しようとしている点も注目されます。この事業は中学校区をひとつの生涯学習ゾーンとして設定し、地域の特色に応じた生涯学習に活用できる施設を、校舎・体育館の改築などの際に小学校・中学校内に整備して、市民に開かれた新しい学校づくりを促進しています。ゾーン内では小学校区の枠を超えて、市民の自発的な学習活動を支援するとともに、地域のコミュニティネットワークの発展を図る取り組みとなっています。

この事業の推進にあたっては、幅広く市民の意見を反映させるため、学識経験者などで構成する「学校コミュニティプラザ事業推進懇談会」を設置し、その基本方針の答申にもとづいて事業が展開されています。いずれにしても、サロンからプラザへといった発展図式があります。ただ順次整備されてきているとはいえ、学校施設・地域の条件が異なるため、全市的な展開には時間がかかるとみられていました。当時の様子について、元地域教育専門主事副室長の岩淵信明氏（現・大谷大学教授）は、地域文化の拠点づくりといった視点からこの事業の意味を次のように捉えています。

生涯学習というのは、学校教育を終えたみなさんが、意欲を持ってはじめるものだと思いますが、自分だけの学習意欲にとどまってしまいがちです。一人一人の自立という面では意味があるのですが、地域の連帯などを考えると、なにか手がかりや仕掛けがいるのではないかと考えたのです。学校を拠点として、子どもや学校の教員とつながるきっかけ、地域で育つ子どもたちやお年寄りまで、地域のなかでの横のつながりを広げてゆく中心が、学校だと捉えたのです。狭い意味の生涯学習が、地域としての楽しみ喜びにつながり、地域として人のつながりを大切にすることの喜び、たとえば子育ての面で個々ばらばらで悩んでいるお母さん方のネットワークも、生涯学習を通してできるのではないかと思ったのです。世代をこえた生涯学習が、地域で子どもをみてゆく、地域でできることは地域でやろうではないかといった、共生・共存のなかで連帯意識を見出すために、学校の果たす役割があり、このルネッサンス「コミュニティプラザ事業」の値打ちであると思いました。

学校教員としての長年の実践をふまえた、岩淵氏のこのような指摘は、学校教育と社会教育が行政として横に連携することにより、地域教育の創造にとって重要であることを示しているといえるのではないでしょうか。

地域の教育力再生プラン

文部科学省は二〇〇五（平成一七）年度に、地域の教育力再生プランを提起しています（図2-6）。

このプラン作成の背景として、「住民の地域社会への帰属意識の希薄化などにより、近隣住民間の交流等の不足、青少年の問題行動の深刻化や、青少年を巻き込んだ犯罪の多発など」をあげています。しかし「社会構造や環境の変化に伴う」といった記述からは、こうした教育課題が他人事であるかのような印象を受けます。京都市の地域教育専門主事室の危機意識とは、かなり異なっているのではないでしょうか。国のレベルと地方自治体のレベルとの差とはいえ、教育現場の具体的な教育実践に基づく認識

背景

社会の構造や環境の変化に伴う、住民の地域社会への帰属意識の希薄化などにより、近隣住民間の交流等の不足、青少年の問題行動の深刻化や、青少年を巻き込んだ犯罪の多発などを背景とした、子どもたちの安全・安心できる遊び場の不足、スポーツに親しむ機会の減少、多様な文化体験活動に触れる機会の減少

課題

地域の教育力の再生を図る多様な機会を提供することが国として喫緊の課題

↓

地域に根ざした多様な活動の機会等を提供

子どもたちが自由に遊び多様な活動が展開できる居場所づくりの支援
［地域子ども教室推進事業］

地域の大人の教育力を結集して、子どもたちの放課後や週末における様々な体験活動や地域住民との交流活動等を支援。

地域子ども教室
8,000か所

子どもから高齢者まであらゆる層のボランティア活動を推進するための機会の提供
［地域ボランティア活動推進事業］

ボランティア活動の全国展開を推進するための事業を対象別に提供。
●高校生対象事業
●市町村ぐるみの事業　など

705地域

だれでもいつでもスポーツができる環境の整備［総合型地域スポーツクラブ育成推進事業］

地域住民のだれもが、それぞれの年齢や興味・関心・技術レベル等に応じて、定期的・継続的にスポーツに親しむことができ、地域住民の主体的な運営を基本とする「総合型地域スポーツクラブ」の育成を推進。

400か所

子どもたちが様々な文化に触れる機会を提供［文化体験プログラム支援事業］

子どもたちが日常の生活圏の中で、年間を通じて地域の特色ある様々な文化に触れ、体験できるプログラムを作成し、実施することにより、子どもたちの豊かな人間性と多様な個性をはぐくむ。

94地域

↓

地域住民等の様々な活動を通じて住民同士の交流を深め、地域社会の再構築を促し子どもも大人も生き生きとした豊かで住み良い社会を実現（地域の教育力の再生）

図2-6　地域の教育力再生プラン　（出所）文部科学省「白書」2005年度

との違いは大きいといわざるをえないのです。

さらに「地域の教育力の再生を図る多様な機会を提供することが国としての喫緊の課題」として、そのための「地域に根ざした多様な活動の場の提供」を行う事業名を、具体的な数値目標とともに紹介しています。

①地域子ども教室推進事業（八〇〇〇か所）、②地域ボランティア活動推進事業（七〇五地域）、③総合型地域スポーツクラブ育成推進事業（四〇〇か所）、④文化体験プログラム支援事業（九四地域）など四つの事業により地域の教育力の再生を図ろうとしているのです。

文部科学省の「再生プラン」では、地域と教育の間に「の」が入っており「地域教育」の概念と異なる点に留意したいと思います。国のレベルと地方自治体（市町村）とでは、具体的な施策課題が異なるため抽象的な表現にとどまるのは当然ですが、「地域の教育力再生」の内容として、「地域住民等の様々な活動を通じて住民同士の交流を深め」の「等」といった表現は、地域社会の住民組織といった視点から捉えると、あいまいで具体性に欠けると言わざるをえません。「地域社会の再構築」と「豊かで住み良い社会を実現」との間には、多くの困難がともなうからです。その意味で、京都市の提起した「地域教育」の概念が貴重であり、家庭教育でも社会教育でもない新たな概念の必要性を、京都市の学校現場から発想・提起された点を再確認したいのです。

◉第三章

学校と地域のコラボレーション

「地域づくり」と「学校づくり」が同時進行することは可能でしょうか。地方自治体（行政）と住民組織が一体となるためにも、学校の役割は大きなものです。地域社会を新たに作っていく人材を育成するのが学校だからです。

この章ではまず学校教育の成り立ちについて明らかにします。前近代の教育は、寺子屋や藩校など社会階層により異なった形態をとっていたものの、市民社会の成立にともなって、近代日本の学校が成立し、教育の機会を国民に平等に提供する形で展開してきました。とくに、市民社会としての日本の学校が、明治初期の「学制」によってスタートし、その後どのような形で展開してきたかについて、学校とは何かといった視点から考えてみたいと思います。

一．学校とは何か

学ぶための専門機関

人間と他の動物との大きな違いは、人間が学習する動物である点にあります。そして学習の成果を蓄積することによって、人類は進化してきました。ただその学習は、個人の努力に負うところが大きく、無駄が多かったため、こうした無駄をなくし、すでに先人が獲得したものを次世代に効率的に伝えることが必要でした。

この学習を効率的に行う基本的な組織・集団が家族であり、さらにこれを専門的に行う社会的組織が学校です。学校とは、「特定の集団（社会）のメンバーに対し、専門職者の教師が集中的に、また組織的に、知識や技能を学習させるための教育施設」と規定することができます。

人間の社会生活が営まれているところには、広い意味での教育が存在するのですが、学校という組織化された教育が成立するためには、条件があります。それは当該社会の文化と文字の発明です。遥か昔には、文化財を表現するために文字が使われ、その文化伝達のために、教育が組織化されることになったのです。今でも、教育を語るときに「識字率」が取り上げられるように、文字は大切なものなのです。

エジプト、メソポタミアそして中国など、古代文明の発祥した地域では、ヒエログリフや楔形文字、亀甲文字などがあり、これらの地域では早くから、文字を使用した学校が存在したと考えられています。しかしそれは、社会の指導層、とくに宗教的指導者や貴族のためのものであり、庶民と呼ばれる人びとは学校とは無縁でした。

ギリシアやローマの、そして日本の中世の貴族や僧侶などは、自らの後継者を育成するために、学校を組織化するだけの富、そして生活の豊かさを有していたのです。スクール（school）という言葉は、ラテン語のスコラ（schola）から派生しています。その語源がギリシア語で閑暇《かんか》を表すスコーレ（schole）であるように、学校は生活に余裕のある特権階級の産物でした。

このように、古代および中世の学校は、支配階級のものとして、政治家や宗教家など社会の指導者に必要とされる知識や技術、あるいは教養を身に付けるだけでなく、遊興や贅沢な生活のための技能を得るところだったといえます。学校に行くことが、ステイタスシンボルとなり、階級の再生産、つまり社会的優位性を保つ手段となっていたのです。

近代社会の成立と公教育としての学校

近代社会においては先に述べたような、特定の階級・階層に限られない学校が成立しました。一八世紀後半のイギリスやフランスで起きた市民革命と、産業革命が展開するなかで、全国民を対象とした学校の成立が促されたのです。

市民革命は当時の絶対王制を崩壊させ、王のいない社会を生みだしました。技術革新による社会・経済の大改革は、一九世紀前半にはヨーロッパの各国に広がり、急激な経済的発展をとげるようになりました。大規模工場による大量生産は、社会構造の転換を促し、これを支える労働力の養成を学校に求めることになったのです。

農業社会とは異なり、産業社会は、「読み・書き・計算」の能力を備えた労働者を大量に必要としていたため、初等教育の学校の整備が急務になりました。また、伝統的な徒弟制度も崩壊しはじめ、これに代わって近代的な職業教育機関としての実業学校も成立するようになります。近代資本主義の成立により、資本家と労働者といった新たな階層が生み出されました。

平等な社会を理想としていながらも、フランス革命を契機としてナショナリズムが勃興し、民族・国家の競争・対立が激化するなかで、とくに一九世紀のドイツを中心に、「国民教育の制度」として初等学校が生み出されました。しかし、ドイツ統一を目指すプロイセンとフランスとの普仏戦争（一八七〇年〜一八七二年）など、ヨーロッパ内での戦争により、ナショナリズムは、偏狭かつ排他的な国粋主義と結びつき、教育の中央集権化をもたらします。学校教育は政治の力により、極端な愛国精神を強化するようになっていきました。

近代社会は教育によって、民主的な社会を実現することを目指していたのですが、国家間の対立により、民主主義の理念、つまり、国民主権・基本的人権を基本とし、人間の自由と平等を尊重する立場を失うようになったのです。フランス革命の担い手であった思想家であり数学者のM・コンドルセが、民主主義に基づいて、国民教育制度の構想を提起した「学校改革論」は、革命後に保守主義の復活（旧体制・アンシャンレジューム）に妨げられて実現しませんでした。この民主主義の理念と、ナショナリズムとの間の緊張関係は、二〇世紀以降も引き続き教育と政治を巡る問題として、重要な課題となっています。

二、近代日本の学校

明治以前の学校

学校教育の国家統制は、近代国家すべて一様にみられたのではなく、国の事情によって異なっていました。ドイツや日本のように、封建主義の伝統が強く、国際競争に遅れをみせた国ほど、国家主義的教育政策の傾向が強かったのです。

産業革命を早い時期に達成した欧米の国に遅れて、社会の近代化を進める日本は、「殖産工業」「富国強兵」の旗印のもとで、行政、軍事、財政上の制度改革を急速に推し進めることになります。なかでも地租改正、徴兵制と並んで、全国規模で学校の整備に力をいれていきます。

日本の近代学校制度は、一八七二（明治五）年の「学制」でスタートしました。欧米の学校制度を模範として、全国に小学校、中学校、大学を整備しようとしたものでした。小学校の母体となったのは、郷学や寺子屋であり、新たに設置されるときは、寺院がその施設として利用されることが多かったようです。城下町や商業中心部などの都市部では、必ずしも寺に依存することなく、町人の家（商家）を借りて看板を掛けることもできましたが、農村部では豪農の家を除いて、寺が絶好の施設となったのでしょう。寺は幕藩体制下に全国くまなく配置されており、しかも住民を統合する役割を担わされていました。しかも住職である僧侶は、当時の知識人であり、都市における武士と同様、読書算を指導することもできました。

図3-1は、明治以前の藩校、私塾、郷学などと呼ばれる学校のうち、主な教育施設を示したものです。これらは寺子屋とは異なり、当時の特定の身分・階層の人びとを対象としたものでした。藩校は幕藩体制下の各藩の武士のためのもので、幕末期には総藩数二七六のほとんどに設置されていました。一方、幕府の置かれた江戸には、官学の昌平坂学問所や深川教授所、麻布教授所などの郷学や私塾が存在し、大商業都市の大阪には適塾、御所の置かれていた京都の古義堂など、財政力のある地域にも私塾や郷学が多くみられました。これらの学校は明治期の学校制度の展開により、多様な形態をとることになるのですが、その多くは旧制中学校や旧制高校、大学など中等・高等教育の学校の母体となっているのです。

このような前近代における学校を土台としながらも、近代の学校は前近代と、基本的性格が異なっています。学制による学校、とくに義務教育の学校は、地域社会の人び

① 米沢 **興譲館**　藩校　上杉治憲（1776）
→米沢興譲館高校
② 仙台 **明倫養賢堂**　藩校　伊達吉村（1736）
→東北大学医学部
③ 会津 **日新館**　藩校　松平容頌（1804）
④ 水戸 **弘道館**　藩校　徳川斉昭（1841）
⑤ 江戸 **昌平坂学問所**　官学　幕府（1797）
深川教授所　郷学　幕府（1723）
麻布教授所　郷学　幕府（1833）
会輔堂　郷学　菅野兼山（1723）
芝蘭堂　私塾　大槻玄沢（1786）
けん園塾　私塾　荻尾徂徠（1709）
慶應義塾　私塾　福沢諭吉（1868）
⑥ 松坂 **鈴屋**　私塾　本居宣長（1759）

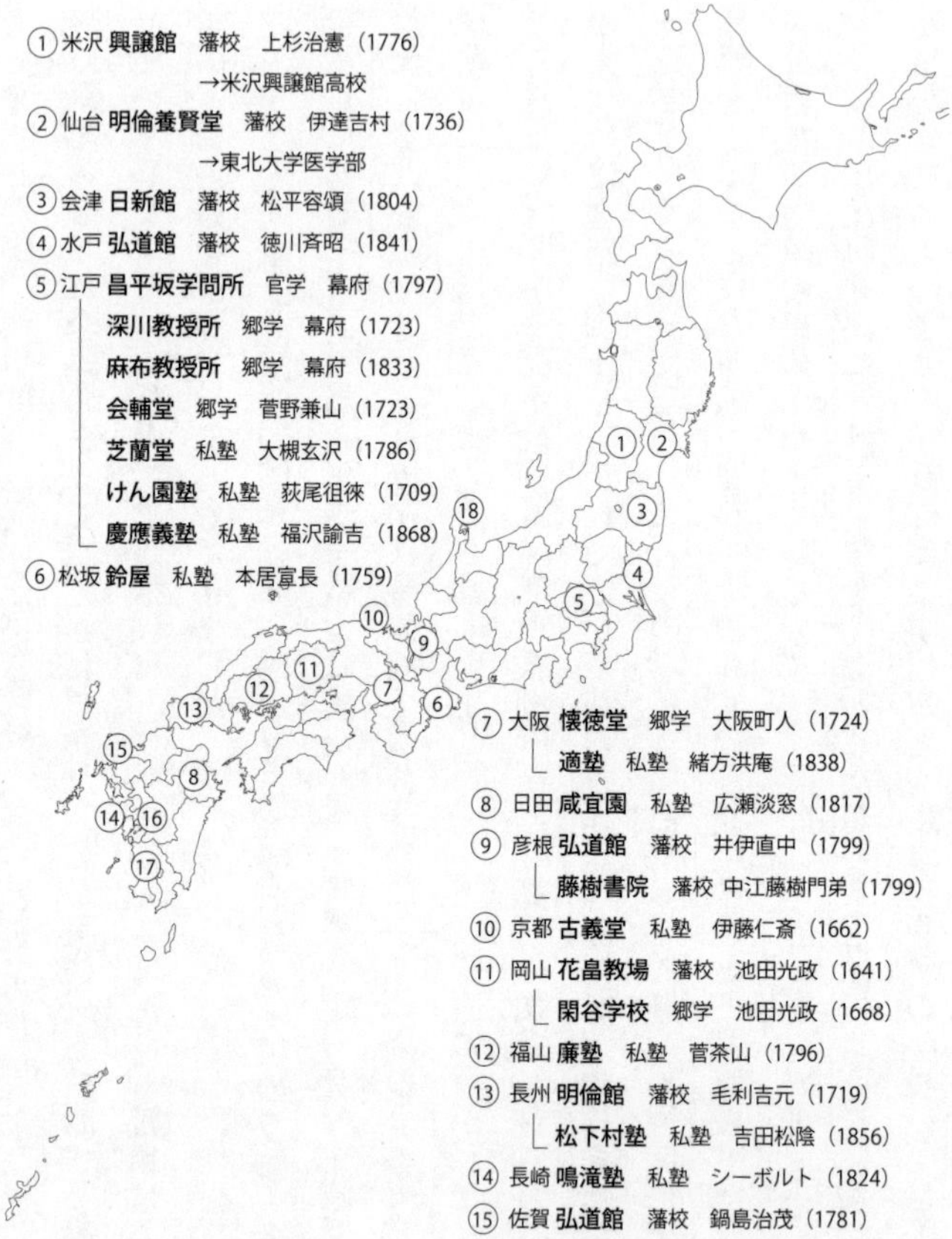

⑦ 大阪 **懐徳堂**　郷学　大阪町人（1724）
適塾　私塾　緒方洪庵（1838）
⑧ 日田 **咸宜園**　私塾　広瀬淡窓（1817）
⑨ 彦根 **弘道館**　藩校　井伊直中（1799）
藤樹書院　藩校　中江藤樹門弟（1799）
⑩ 京都 **古義堂**　私塾　伊藤仁斎（1662）
⑪ 岡山 **花畠教場**　藩校　池田光政（1641）
閑谷学校　郷学　池田光政（1668）
⑫ 福山 **廉塾**　私塾　菅茶山（1796）
⑬ 長州 **明倫館**　藩校　毛利吉元（1719）
松下村塾　私塾　吉田松陰（1856）
⑭ 長崎 **鳴滝塾**　私塾　シーボルト（1824）
⑮ 佐賀 **弘道館**　藩校　鍋島治茂（1781）
⑯ 熊本 **時習館**　藩校　細川重賢（1855）
⑰ 薩摩 **造士館**　藩校　島津重豪（1773）
→官立第七高等学校
→鹿児島大学理学部・法文学部
⑱ 金沢 **明倫堂**　藩校　前田治脩（1773）

（注）開設年・解説者は、唐澤富太郎『日本教育史』（1971）などを参考にした。

図3-1　明治維新以前の主な藩校・私塾・郷学（出所）「教育基礎資料・第六版」2015

人々自《みづか》ら其身を立て其産《さん》《しんだい》を治《をさ》め其業《げふ》《とせい》を昌《さかん》にして以て其生《せい》《いつしやう》を遂《とぐ》るゆゑんのものは他《た》なし身を脩《をさ》め智《ち》《ちへ》を開《ひら》き才芸《さいげい》《きりやうわざ》を長《ちやう》《ます》ずるによるなり而て其身を脩め知を開き才芸を長ずるは学《がく》《がくもん》にあらざれば能《あた》はず是れ学校《がくかう》《がくもんじよ》の設《もうけ》あるゆゑんにして…（中略）

………今般文部省《もんぶしやう》に於て学制《がくせい》《がくもんのしかた》を定め追々教則《きやうそく》《をしえかた》をも改《かい》正《せい》し布告に及ぶべきにつき自今以後《じこんいご》《いまよりのち》一般《いつぱん》《いちどう》の人民《ひとびと》華士族農工商及婦女子必ず邑《いふ》《むら》に不学の戸なく家に不学の人なからしめん事を期《き》《まつ》す人の父兄《ふけい》《ちちあに》たるもの宜しく此意を体認《たいにん》《こころえ》し其愛育《あいいく》《かわいがる》の情《じやう》《こころ》を厚《あつ》くし其子弟をして必ず学に従事せしめざるべからざるものなり　高上の学に至ては其人の材能に任かすといへども幼童の子弟は男女の別なく小学に従事せしめざるものは其父兄の越度たるべき事（後略）

図3-2　太政官布告「学事奨励に関する被仰出書（抜粋）」1872

との教育水準を高めるために設置されたのであり、そのことにより地域社会を包括する全体社会（国家）の発展を可能にさせる、「装置としての機関」の性格をもっていました。

「太政官の布告」と学制

そこで次に、学制の基本理念を示す太政官の布告『学事奨励に関する被仰出書《おおせいだされしよ》』についてみておきましょう。少し長いですが、一部抜粋して引用します。

「今般文部省に於て学制を定め追々教則をも改正し布告に及ぶべ

きにつき（中略）必ず邑《むら》に不学の戸なく不学の人なからしめん事を期す」と述べた後で、「父兄」に「子弟」に「学に従事」、つまりすべての人びとに学校に行くよう奨めている、というよりも義務付けているのです。もちろん明治初期の小学校は、無償ではありませんでした。

また、このように学問の大切さと学校に行くことの必要性を説いているのですが、その学校の建設は国ではなく、住民が費用を出しあわねばなりませんでした。明治初期の日本では、農村社会学で規定する旧村《ムラ》単位では、独立した学校を建設・維持することは不可能で、集落の寺などに○○学校といった形で学びの場を作ったとはいえ、それは学校の体をなしていなかったのです。財政力のない村では、いくつかの村が集まって学校組合立の学校を建設していました。

こうしたこともあり、学制は当時の社会状況に適合せず、一九七九（明治一二）年の教育令によって廃止されています。

その後、西南戦争などを経て、明治政府の体制が強化されるなかで、一八八〇（明治一三）年の改正教育令の制定を境に、学校の国家統制は急速に強化されました。一八八六（明治一九）年には学校令が制定され、小学校から大学にいたる学校制度が一応整備

明治8年12月に完成した日本最古の洋風学校

図3-3　学制発布当時の様式小学校（長野県佐久市の旧中込学校の銅版画）

され、中学校や高等女学校、そして実業学校などの中等教育の学校も、一八八〇年代後半から一八九〇年代にかけて、形態を整えはじめています。そしてこの学校制度の整備と並行して、第一次町村合併（一八八九年）により、旧村《ムラ》の再編が行われたのでした。これにより旧村が学校組合をつくらずとも、新たな市町村が単独で学校を設立できるようになったのです。教育とかかわって、地域社会が再編成された点が重要です。

これと類似した現象が、第二次世界大戦後の学校制度改革でも起きています。一九四七（昭和二三）年に、義務教育

図3-4　重要文化財：旧中込学校（1875年設立の組合立学校）

（出所）岡崎友典・夏秋英房『地域社会の教育的再編』2012

が初等教育六年から、前期中等教育三年を足した九年に延長されたことにともなって、新制中学校が設置されましたが、これは地方自治体にとって大きな負担でした。すでに高等小学校二年間の普及はありましたが、隣接する市町村が学校組合により中学校を建設するケースが、全国の農山村地域でみられたのです。そして一九五五（昭和三〇）年前後に、第二次町村合併が行われます。さらに、二〇〇五（平成一七）年前後の第三次町村合併で全国各地の市町村が統合されたことにより、学校の再編成・統廃合が、とくに地方圏域の過疎地域で進行しました。

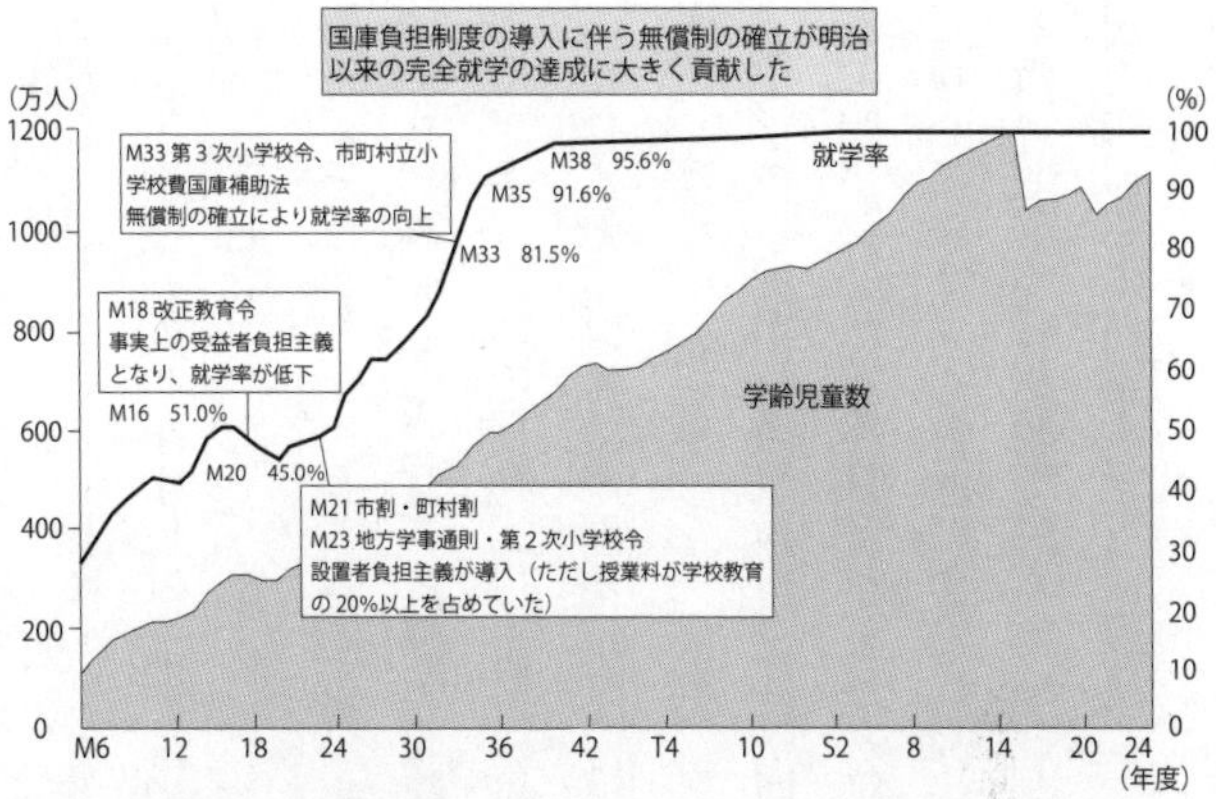

図3-5　小学校就学率の推移　（出所）文部省「学制百年史」1952

明治期の小学校就学率と義務教育

明治期の小学校就学率の推移についてみてみましょう。図3-5は、学齢児童数と就学率を示しています。就学率は学制の翌年には、二八%と低かったのですが、一九〇五（明治三八）年には九五・六%になっています。その間に多くの法令が出されており、就学率の上昇には長い年月と法整備が必要であったことがわかりますが、なかでも一九〇〇（明治三三）年の小学校費補助法による小学教育の無償制の確立が、就学を促進しました。

文部省の教育白書「我が国の教育水準」（一九六二）によると、学制では小学校の授業料について、一カ月五〇銭くらいが適当であるとしていますが、これは一八七八（明治一一）年当時、有業者一人当たり年間二一円の所得であることから見ても、一般家庭にとってかなりの負担であったことがわかります。明治初期の小学校は、一部の階層の人びとにしか、開かれていなかったことがわかる記述です。

一八八三（明治一六）年には、就学率は五〇％に達していますが、改正教育令（一八八五）により、事実上の受益者負担主義により修学率が低下しています。しかしその後、図中に記されている一九〇〇（明治三三）年の第三次小学校令に伴って、「国庫負担制度導入に伴う無償制確立が明治以来の完全就学の達成に大きく貢献した」と、白書は説明しています。

小学校の授業料徴収の規定は原則として廃止され、一九〇七（明治四〇）年には、それまで四年だった義務教育年限が六年に延長されました。しかし就学率は下らず九八％に達しています。これはすでに高等小学校が普及していたからで、第二次世界大戦後の教育改革で義務教育が六年から九年に延長され、新制中学校三年が義務化された状況と類似しています。

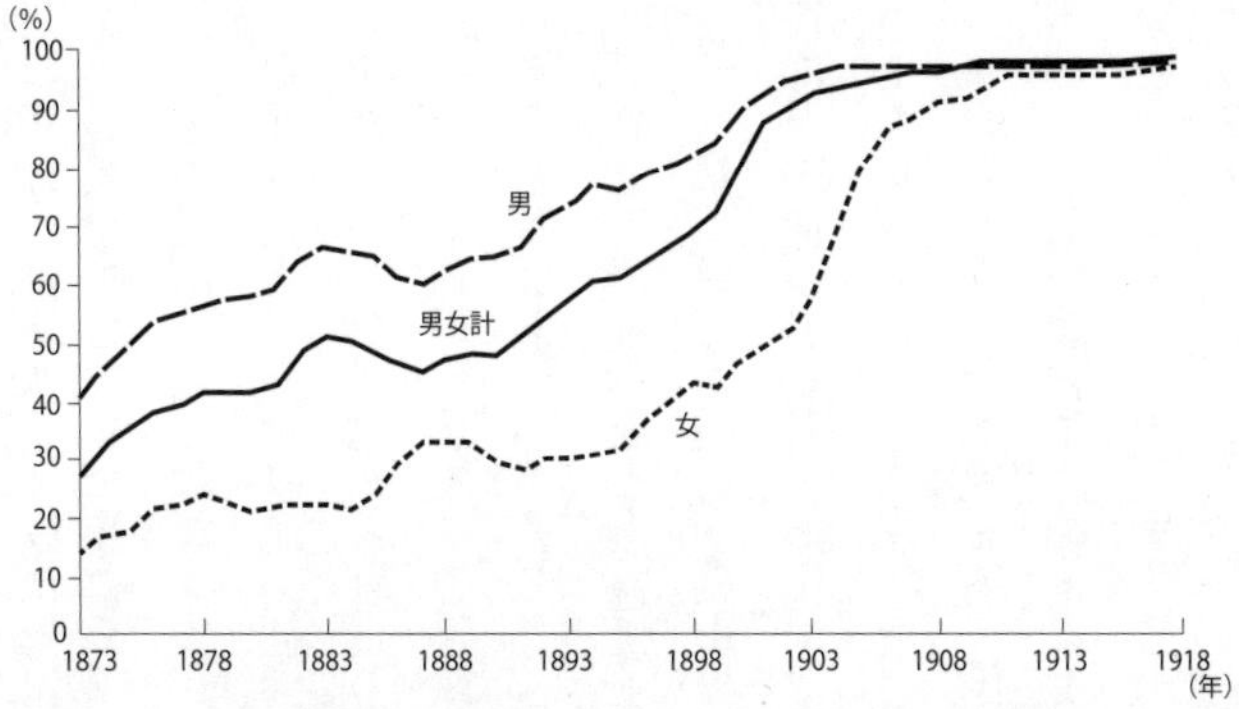

図3-6　男女別学齢児童の就学率の推移

男女別就学率

図3-6は、明治期から大正期前半までの、男女別就学率の推移を示したものです。性別により大きな開きがあり、その差がなくなったのは大正期に入ってからでした。産業の近代化、工業化を急速に進めるためには、それを担う労働力としての能力を学校が養成することになります。まず男子が就学し、これに遅れて女子が修学することになるという当時の形態は、日本の産業構造の転換と大きくかかわっていました。つまり、農業社会から工業社会、軽工業から重工業といった経済の変化も、学校制度および就学率と大きく関わっています。

　農業と家事労働を主体としてきた女性が、居宅外で就労する動きは、一九六〇年代の高度経済成長以降にとくに顕著になりました。これを一般には「女性の社会進出」と呼んでいますが、農業を中心とした社会では、これまでも女性たちは主要な労働力として働いていたことを見落としてはなりません。

農業社会とは異なり産業社会においては、家事・育児を中心にしながらも、女性の居宅外での労働が求められたのです。明治から大正そして昭和まで、小学校への就学がやがて、高等小学校や中等教育の高等女学校、とくに実業を主とした実科女学校への就学を促しました。

義務教育の就学率も急速に上昇したのですが、国内の地域差は大きいままでした。とくに都市部とは異なり農山村においては、貧富の差は大きく、就学年齢の子どもを農作業に従事させる、あるいは家の貧しさと口減らしのために、奉公に出す家族が存在していました。

NHKのドラマシリーズ「朝の連続テレビ小説『おしん』」(一九八三年四月〜一九八四年三月)は、橋田壽賀子の脚本による創作で、明治時代の静岡県で幼少期を過ごした女性の手記をもとにしています。山形県の最上川上流域の寒村の貧農の家に生まれた主人公の谷村しんは、「おしん」と呼ばれました。一九〇一(明治三四)年生まれの女性が、明治・大正・昭和の時代を八〇余年にわたり、たくましく生き抜く姿を描いた一代記でした。おしんは、小学校就学率が急上昇する時期に、幼年期を過ごしたことになりますが、七歳で酒田(日本海沿岸の商業都市)の米問屋に奉公に出されたため、小学校には行っていません。ドラマでは、奉公人は学校には行かせられないため、祖母が、同じ歳の跡取り娘でしかも学校嫌いの孫の教科書を使って、孫と一緒におしんを学ばせている姿が描かれていました。ドラマとはいえ、時代考証をふまえた絶妙な演出となっています。

このドラマが国内だけでなく、東南アジアなど発展途上国を中心に、世界六八カ国や地域で放送されたのは、苦難に遭いつつも決してあきらめずに生きる主人公の姿への共感と、近代化を推し進めていた明治期の日本の社会状況が、これらの国々と類似していたからなのです。

明治期と現在の学校体系の特徴

近代の学校と現代の学校の体系を示したのが、図3-7と図3-8です。すでにみてきたように、明治以前の学校の体系は、武士の子弟を対象とした藩校や私塾と、庶民が対象の寺子屋などが並立した「複線型」をとっていました。学制も基本的には全国

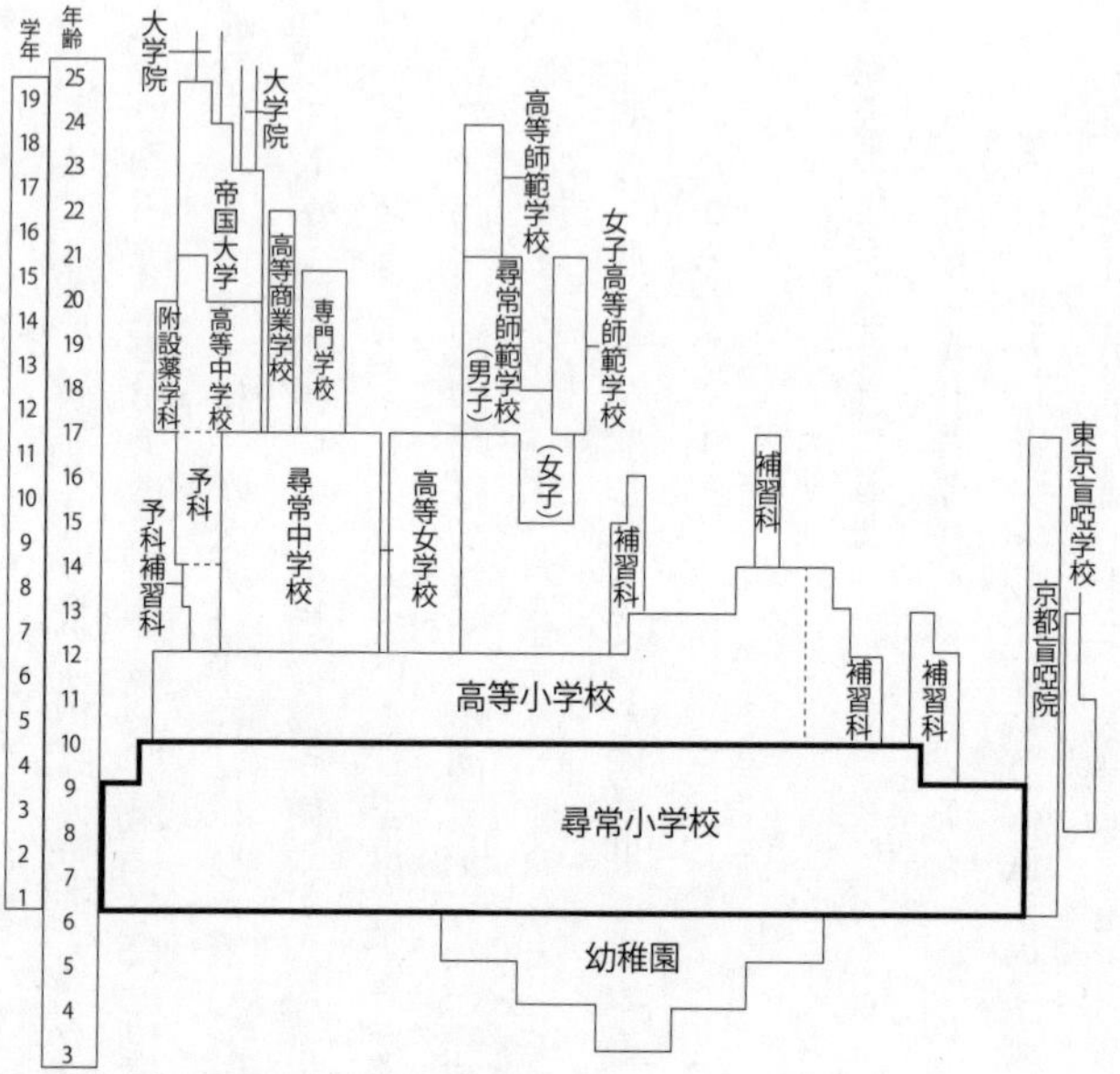

図3-7　近代の学校系統図（明治25年）

（出所）新井郁男、牧昌見編著『教育学基礎資料』第3版、第6版

民を対象とする「単線型」を目指したのですが、しかし当時の社会状況、経済発展段階では難しく、制度化された学校は、初等教育の小学校以降（明治二五年の図では尋常小学校四年と高等小学校二年）、教育内容により体系が分岐する「分岐型」をとったのでした。

分岐型ではより上位（中等・高等）の学校に進むためには、決められた学校を選ばねばなりませんでした。それ以外の中等学校に進学

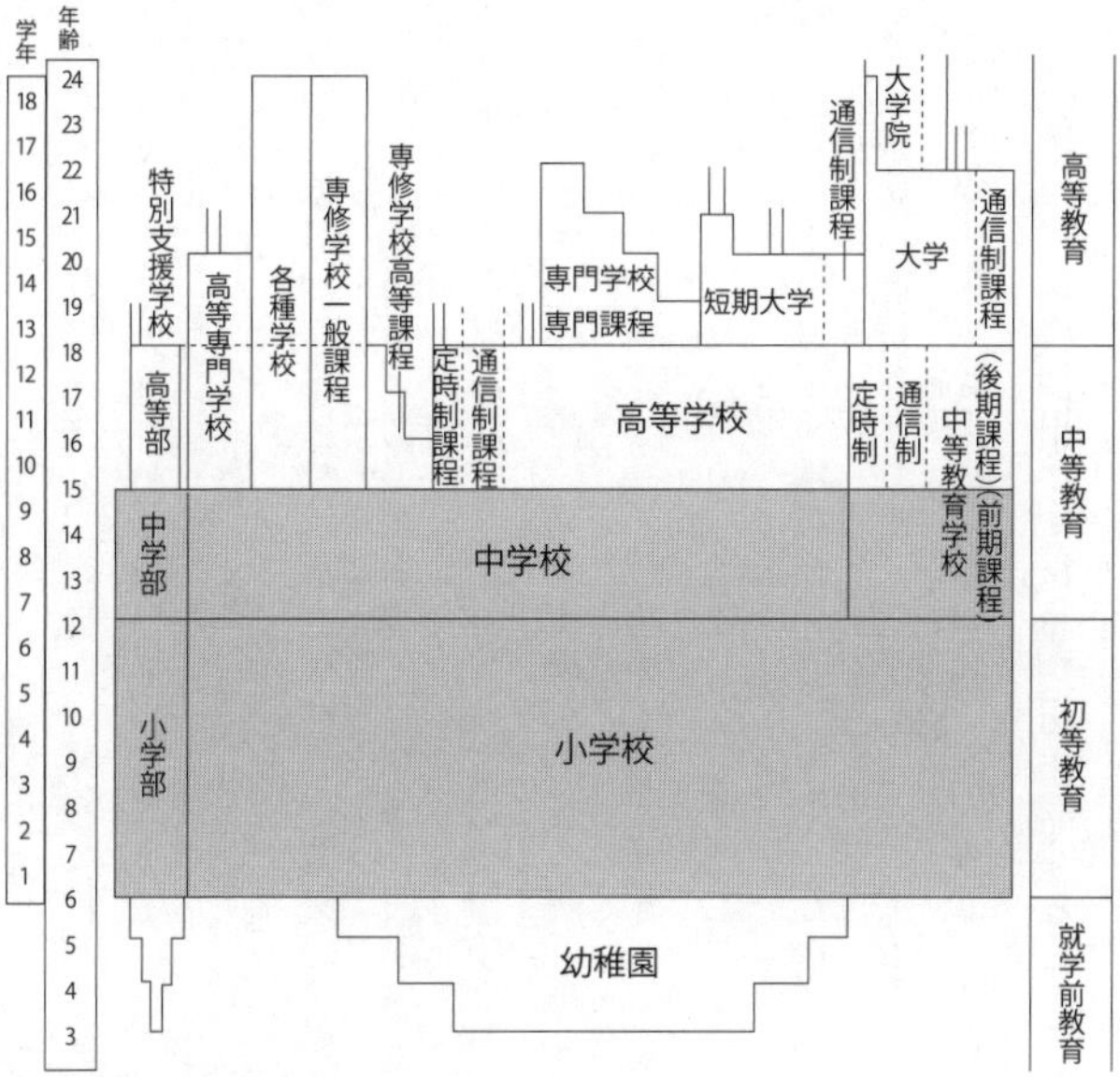

図3-8　現代の学校系統図（平成20年）
（出所）新井郁男、牧昌見編著『教育学基礎資料』第3版、第6版

した場合はより上位の学校には進めなかったのです。とはいえ、長い間の鎖国によって、産業的にも軍事的にも遅れをとった日本も、明治期を通して近代的な学校制度の基礎を築いたことは間違いありません。

　そして、第一次世界大戦（一九一四〜一九一八）を契機に、経済力を伸ばし、義務教育費の国家負担、そして中等教育と高等教育の拡充・整備の方策が具体化されましたみたのです。しかし世界恐慌（一九二四）のあおりをうけて、国家的・財政的な危機に陥り、これを切り抜けるために、超国家主義が台頭し、学校の性格も国家権力へ奉仕し、国体観念を涵養《かんよう》し、忠良な臣民を訓練する場となっていったのでした。

第二次世界大戦後、民主主義を国家建設の基本理念とした新憲法をもとに、日本の教育に大変革がおきました。第二次世界大戦後の新教育制度のもとの学校は、それ以前の学校とは異なり、初等・中等・高等の各段階の学校が積み重なる形の単線型をとっています。教育基本法、学校教育法などが制定され、分岐型の学校体系から、六‐三‐三制の単線型の学校体系の実現がめざされ、小・中学校九年間を義務教育としました。経済力が弱かったこともあって、新制度の実施には多くの困難がともなっていたのですが、一九六〇年代の経済成長を背景に、後期中等教育の高等学校への進学率が急上昇し、また科学・技術の発展に対応した形での教育内容の多様化、さらに高等教育の大衆化が進行しました。しかしながら一九七〇年代に入り、低成長期を迎えるなかで、学校教育の量的拡大よりも、質的改革・拡充への動きが始まります。量から質への転換は、学校教育の果たす役割を再検討することとなるのです。

三．学校教育への期待

学校の教育課程と教育の機能

ここでは民主主義と教育との関係、とくに学校の役割について、アメリカの哲学者J・デューイの著作『民主主義と教育』（松野安男訳、一九七五）の内容をもとに考えてみたいと思います。

デューイは、子どもたちが社会の保有する複雑な文化を系統的に学習するために、その環境を整備することが、学校の役割であるとしています。簡単なものから複雑なものへと、順序だてて習得させる、つまり「文化の系統化」を基本としたうえで、文化の内容、つまり学習内容を精選することが重要な役割だと指摘しています。社会的に価値のないものや、子どもに悪い影響を与えるものを排除することの必要性を述べているのです。

さらに、子どもたちの家庭環境や地域環境といった社会条件に縛られるのではなく、広く社会に目を向けさせるために、子どもに多様な体験や実験をさせてやることが学校の任務であり、そのことにより出自による不平等（ハンディキャップ）を克服することができると考えました。

二〇世紀の初頭、民主主義の先進国とされるアメリカでも、経済不況や人種差別など社会問題が多発化するなかで、民主主義社会の原理を学校で実践することの大切さ、その実践によって新しい社会が生まれると述べられていたのです。

コミュニティ・スクールと学校の類型

日本の学校の特色について宗像誠也（一九〇八～一九七〇）は次のように述べています。

明治以後の日本の学校は、つくられた学校であり、生まれた学校ではない。明治の初めに日本の学校制度が創設された時、学校は社会の土着の文化を成長発展させるという役割ではなく、外来の文化を取り入れる窓口として、またそうあることによって、社会の文化水準を引張り上げる役割を果たすべきものとして、構想されたのである。学校は社会によって支えられたのではなく、いわば社会の文化と学校の文化は異質なものだったのである。私は、ここに日本の学校の、ヨーロッパ、アメリカの学校とは違った特殊な使命を見ることができると思っている。

（E・G・オルセン、宗像誠也訳『学校と地域社会』あとがきより、一九四五）

それでは、生まれる学校とはどのような学校なのでしょうか。宗像が称賛するE・G・オルセンは、学校の類型を三つに分け、それぞれのカリキュラムには異なったタイプがあるとしています。これを要約すると、一九一〇年までの「アカデミックな学校」は、書籍を中心とし、文法や数学などの訓練的教科を重視したカリキュラムでした。一九二〇年～一九三〇年代の「進歩主義の学校」は、児童の興味を中心としたカリキュラムでしたが、一九四〇年以降の「コミュニティ・スクール」は、子どもの生活を中心としその社会過程に合わせたカリキュラムで構成されているといいます。

オルセンは、この生活中心の社会過程的教科と地域社会が結びつく学校を、「コミュニティ・スクール」と名づけたのでした。直訳すれば「地域社会学校」ですが、それまでの学校が全体社会の国家の要請に沿った学校であったことに対するアンチテーゼであり、教育の地方分権を基本にしていると考えられます。これが生まれる学校ではないでしょうか。

また、学校が地域社会と具体的に連携する事例を図3-9で示しています。とくに

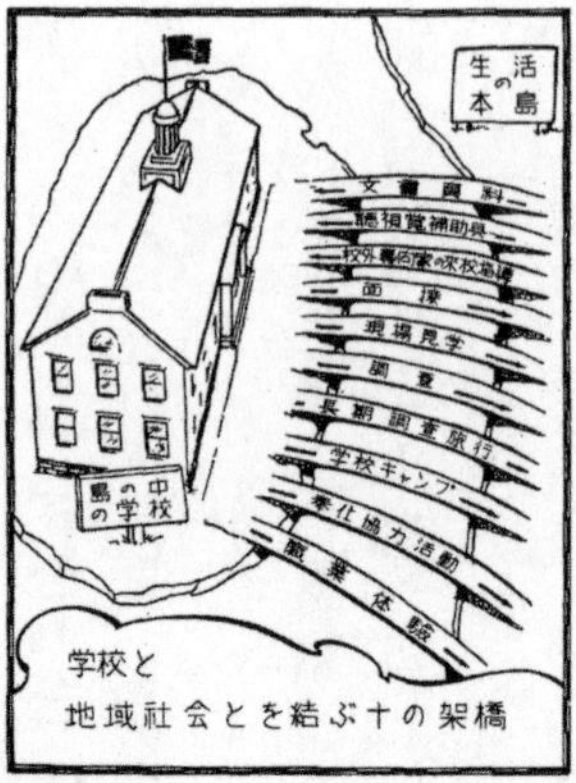

図3-9　学校と地域社会とを結ぶ十の架橋

（出所）E.G.オルセン『地域社会と学校』1950

重要な点は、学校を島にたとえ、子どもたちが日常生活を送る場を本島としている点です。現実の社会は、経済的な格差や社会病理などさまざまな問題を抱えています。一時的であれ現実の社会から切り離された島の学校で、子どもたちは平等に扱われ、デューイの提起した、民主的な社会の実現のために必要な、体系化された文化、精選された教育内容を学ぶのです。

しかしながら、オルセンの生活中心の「社会過程的教科」を重視したコミュニティ・スクール論は、一九五七年、ソビエトの世界初の人工衛星スプートニクの打ち上げにショックを受けたアメリカの、科学・技術重視の要請の前で影を潜めてしまいました。一九五九年に全米科学アカデミーの会議で、学問中心の教育課程の必要性が提起されたのです。日本の一九六〇年代の教育課程の改訂は、このアメリカの動きを受けたものでした。

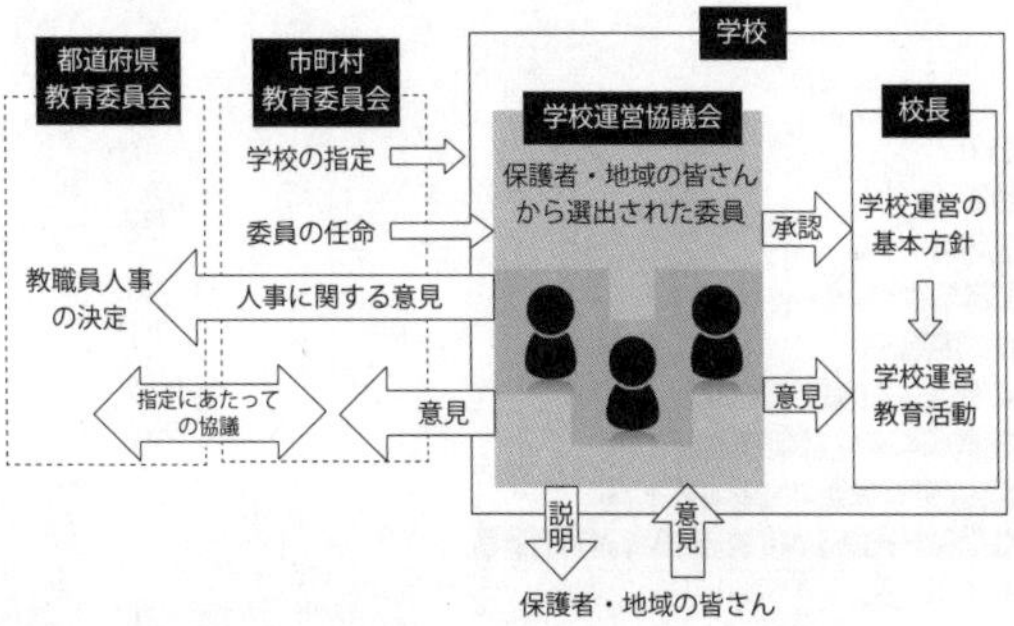

図3-10　文部科学省のコミュニティ・スクールのイメージ

現代日本は、開かれた学校の必要が叫ばれる一方で、学校内や周辺での事件が多発化するなかで、学校を閉ざさざるを得ない状況が生まれています。日本の学校にとって、オルセンの「十の架け橋」といった発想は、学校の在り方を考えるうえで重要な視点だと言えるのではないでしょうか。

学校運営委員会制度とコミュニティ・スクール

二一世紀に入り、文部科学省は現代版のコミュニティ・スクールを提起しています。二〇〇四（平成一六）年の地方教育行政の組織と運営に関する法律の改正によって、学校運営委員会制度が設けられ、この制度を導入する学校をコミュニティ・スクールと呼ぶことにしたのです（図3-10）。

文部科学省は「学校運営協議会制度」について、

「新・学校宣言：みんなで地域の学校を盛り上げよう」をスローガンにしています。

その要点は、①コミュニティ・スクールでは、教育課程の編成など学校運営の基本的な方針について、学校運営協議会が承認し、学校と地域が一体となって教育方針を決め、②学校運営協議会は、目指す教育方針の実現のために「こんな先生に来てほしい」

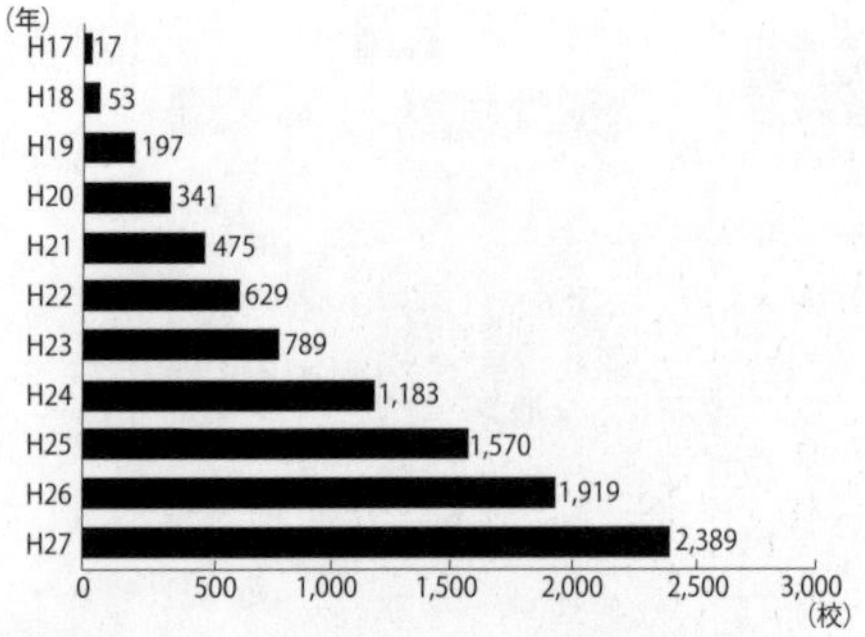

図3-11　コミュニティ・スクール指定校数の推移

と教育委員会に意見を述べることができ、教育委員会は、その意見を尊重して人事を行う、という点にあります。つまり、地域住民の参画が学校の経営に仕組みとして組み込まれていることが重要です。

そして都道府県、各市町村を単位として、コミュニティ・スクールの実践・実験校を指定しています。図3-11は、指定校の推移を示したものですが、その数は年々増えてきています。指定された学校では、この仕組みを活用して、あいさつや見守り運動、基礎学力向上の取り組みといった地域の意見を踏まえた教育活動を展開し、さらに地域社会の協力を得て、放課後や土日の子どもたちの居場所づくりがされる予定です。学校と地域が力を合わせることによって、学校と地域が互いに信頼し合い、それぞれが生き生きと輝く存在になることが、コミュニティ・スクールの一番の狙いであるとしています。

コミュニティ・スクールを導入するか否かは、学校、保護者や地域住民の意向等を踏まえ、学校を設置する地方公共団体の教育委員会が決定する仕組みになっています。有識者など、学校・地域関係以外のメンバーを加えることについては、学校・地域の実状を踏まえて教育委員会で定めることとしています。

グローバル化する国際社会のなかで、これからの日本の学校は多くの課題を抱えているのですが、明治期以降積み重ねてきた学校制度、そしてそのもとで蓄積してきた教育実践を振り返るなかから、新しい制度を創造しなければならないのです。

四．学校の特性を活かした地域教育

北海道釧路支庁の事例——「人材マップ」と「ふるさと教育」の実践

それでは教師が地域との関係性を高め、地域の教育力を活用するためにはどうしたらよいでしょうか。

地域の教育力の活用の代表的なものに、「地域人材マップ」の作成があり、これは多くの学校ですでにマニュアル化されています。しかしそれは校区内の人材に限定されがちです。ＰＴＡや町内会・自治会の協力を得れば、容易に発掘できるのですが、それは地域からの一方的な情報であって、学校に必要な情報が埋もれている可能性が高く、地域に内在する資源を、教師が自らの手で発掘することが重要なのです。

多くのおとなたちが地域から切り離された生活をしているなかで、子どもの指導に必要な人材を時間をかけて発掘し、教育課程を組み立てた事例を、北海道の釧路支庁白糠町立庶路小学校の「人材マップ」と「ふるさと教育」の実践を通してみてみましょう。

庶路小学校は、釧路市の中心から車でおよそ三〇分、根室本線西庶路駅近くにあります。人口約八〇〇〇人（「国勢調査」二〇一五）の白糠町は、かつては炭鉱と漁業で栄えた町で、町の東南部の庶路小学校の校区は、エリアの中心都市である釧路市の郊外化により、近年急速に人口の増大・都市化が進んでいます。ベッドタウン化と地元基幹産業の急激な転換が起こり、地域特性に即した人材の活用といってもそう簡単ではなかったのです。

新住民にとっては、地域社会への帰属意識は薄く人間関係も希薄なため、地域の教育力が弱体化するなかで、新旧住民が混住する地区をどのような地域社会に再編していくかが課題でした。町全体の計画と学校の教育目標を一体化させることにより、取り組むべき課題を明らかにすることが求められていたのです。

一九九四（平成六）年からはじめられた人材マップづくりは、教師が在職中に収集した地域の情報が転勤により失われてしまうため、学校組織として体系化して受け継ぐ目的ではじめたものでした。教師個人の地域とのつながりは、人事異動により切れてしまうことが多いのですが、庶路小学校では組織的な対応・蓄積がなされていたのです。教師が日常生活のなかで発掘した「名もなき人びと」や、「見落とされている資源」を、共同で地図に落とし込み、マップにし、ふるさと教育の教材にしてきたのです。

学年別実践事例は、以下のとおりです。一年「どうぶつとなかよし～うまにあおう」、二年「だいずで、みそを作ろう」、三年「庶路まちたんけん」、四年「庶路の粘土を練ろう～はっぱのお皿をつくろう」、五年「食料生産をささえる人びと～農業・水産業のさかんな地域をたずねて」、六年「ふるさと庶路の大地のつくり」。

各学年とも町内の人材・資源を活用したものであり、子どもたちの日常生活の一部です。教師は地域で自らが確認・体験したものを、特定の学年でなく、各学年各教科に組み入れようとしている点が特徴です。さらに庶路小学校の場合、校区外での学習に、町の専用バスやスクールバスが利用できるのも有利な条件となっています。統合中学校のために用意されたスクールバスを、登下校時だけでなく日中に活用するのです。スクールバスをフルに回転するには、学校間の連絡・調整が必要であり、そのことを通して各校の教育実践を知り、交流ができるのも強みでした。校区の広大な地域の学校にとって学習のための交通手段の確保は、地域の教育力の活用と密接にかかわっているものなのです。

なお、庶路小学校は二〇一八(平成三〇)年に庶路地区の小中一貫校として生まれ直しています。「庶路学園」の教育理念は「夢をつなぎ、未来を拓く」となっており、「ふるさとに誇りをもち、地域とともにあゆむ」をスローガンにしています。

東京都葛飾区の事例——保護者を学習者とする国際理解教育の推進

東京都の葛飾区立東金町中学校は、葛飾区の東部地区(金町・新宿地区)の人口急増期の一九七六(昭和五一)年に開校されています。この中学校の「地域の保護者の参加を求めた、国際理解教育の推進」の実践研究は、学校の地域特性、ここでは保護者の特性を活かした事例として、極めてユニークです。

研究は指導要領で提示された「豊かな人間性や、国際社会に生きる日本人としての自覚を育成すること」を総合的な学習として教育課程に位置づけ、実践事例として国際理解教育を取り上げています。このテーマは、国際化が課題とされながらも、現実にはそれがまだ先のこととして、真にこうした変革を急務と感じるおとなの数は多いといえないといった、教員たちの問題意識から設定されました。

研究テーマの設定理由については、「これまで中学校にあっては、教科別学習が一般的であり、国際理解教育を一教科のなかで正面から取り組むことはなかなかできなかった。さらにゆとりのないなか、生活指導、行事に忙殺され、社会の要請とはいえ新たな教育内容を導入することはそう簡単ではなかった」と記されています（平成一〇年度東京都葛飾区教育研究奨励費受給者『研究概要集録』第二八集）。

この思いは、全国の学校に共通することではないでしょうか。東金町中学校では、「本校を取り囲む環境としては、地域の人びとの生活は安定しており、保護者も学校に対して協力的であり」、しかも「本校の在学生はほとんどがひとつの小学校から入学し、人間関係も固定化している」などの条件のもとに、「選択社会科のなかで国際理解教育を導入」したのでした。

研究方法として、①毎回外部より講師を招き、授業は専任二名以上でＴＴ（チーム・ティーチング）形式で、②保護者の意見を授業改善に活かすための検討、③生徒・保護者の感想を蓄積・検討し、国際理解教育推進上の問題点と解決策を研究することの三つをあげています。この実践で注目すべき点は、地域人材を保護者や生徒に身近な個人ではなく、外部機関を利用し東京都およびその周辺から確保していること、そして授業に保護者が参加していることでした。

東金町中学校は、現在も国際理解教育の伝統を生かし、外国語のスピーチコンテスト参加や、海外とくにアメリカからの短期留学生ためのホストファミリー募集を、学校として保護者と地域住民に呼びかけています。

こうして、保護者を地域人材としてではなく学習者として参加させ、その成果を家庭・地域生活に活かすことは、保護者の人材養成につながっていったのです。指導要領の改訂で設けられた総合的な学習の時間を、上記のような実践のために有効な時間として活用することにより、まさに地域の教育力を高めることにつながる貴重な実践事例といえます。

◉第四章

PTAは学校と地域をつなぐ要《かなめ》

本章では教職員と保護者によって組織されるPTAを、子どもを媒介に成立する成人の学習組織と捉えます。さらに保護者が地域社会の中堅世代として、地域社会に主要な役割を担うといった視点から、PTAが地域教育の核心部分（＝要）を担う点について、明らかにしたいと思います。

一．PTAとは何か

「父母と教師の会」

PTAは英語のParentとTeacherとAssociationの頭文字をつなげたもので、「父母と教師の会」と訳されるのが一般的です。公教育の学校、そこには公立学校だけでなく私立学校も当然含まれますが、それぞれの学校の教職員と、そこに在学する子どもの保護者が組織する団体です。任意加入を原則とし、会の結成や加入を義務づける法的な根拠はありません。

したがって、一九七〇年代に大都市周辺の人口急増地域に新設された学校では、「世話人会」や「父母の会」などの名称の組織が作られ、PTAを結成しない学校も多くみられました。それは昔から──とはいっても、PTAの名称は第二次世界大戦後に使用されるようになったのですが──PTAは学校に協力するというよりも、圧力団体的な性格をもってきたことへの反省だったとも考えられます。そこで、わが国のPTAの成立とその展開過程について、その特徴を整理しておきたいと思います。

民主化の手段としてのPTA

PTAは、第二次世界大戦後のGHQ（連合国軍最高司令官総司令部）とくにCIE（民間情報教育局）の指導のもとで、アメリカから移植されたといえます。その契機は、一九四六年の第一次アメリカ教育使節団報告書で、PTAの目的は「児童の福利を増進し教育上の計画を改善するため」とされ、両親と教師との団体組織の助成が、地方学校制度の部長の任務として提出されたのです。

これを受けて日本の文部省（現・文部科学省）が、PTA結成を全国的規模で奨励しました。とくに文部省社会教育局長名で出された、PTAの手引書「資料『父母と先生の会』――教育民主化の手引き――」（一九四七）が直接的契機となりました。これは全都道府県に配布され、さらに市町村に増刷して届けられたのでした。つまり、民主国家の建設にあたり、PTAの役割への期待が高まっていたのです。

このように文部省がリーダーシップをとったことにより、ほとんどの学校でPTA（名称は多様）が結成されたのですが、その性格は、戦前の権威主義的な保護者の組織、たとえば「学校後援会」や「奨学会」、あるいは「母の会」と類似したものが多くありました。形式は民主的・革新的だったのですが、実体は戦前と同様に権威的・保守的なものが多く、結成当時からPTA批判が存在していたのです。

にもかかわらず、PTAは日本の民主化の手段として、すなわち民主国家を担う国民（おとな）の教育・学習の場として期待され、利用されたとみることもできます。つまり児童福祉や教育の改善よりも、PTA構成員の研修・交流の活動に中心が置かれ、この傾向は今日にまで引き継がれ、より顕著となっているのです。

一九五一（昭和二六）年九月のサンフランシスコ平和条約の調印と同時に、米国との間で日米安全保障条約が締結されました。このことが日本の教育政策を大きく転換させることになり、PTA構成員及びこれをとりまく集団・組織の利害が多様化し、PTAに対する評価が、善悪二元論的な捉え方に変化することになっていきます。

これを象徴するのが一九五二年の文部省の指導による「日本PTA全国協議会（日P）」の結成でした。その契機は「地方教育行政の組織及び運営に関する法律」（一九五六年六月）の制定により、教育行政の地方分権を中央集権の形に変えたことにあります。とくに教育委員の公選制から任命制への転換は、保護者と教育行政とを切り離し、PTAは制度としても、中央集権的教育体制の中に組み込まれ、地方と中央の緊張関係が生まれることになります。

国民が教育行政に直接意見を反映するルートを失った時点から、PTAの体質は大きく変化したのです。PTAの活動も、たとえば老朽化した施設や貧弱な設備等の改善を中心とした、学校後援会的なものが目立つようになり、教育内容など学校内部のことに口出しすることが、タブー視されるようになったのでした。

そうして、学校への後援は、金（私費）を媒介とする傾向が強くなり、PTAが導入された当初の目的だった、成人の学習・研修活動の大切さが見失われるようになったのです。

さらに、日本経済の高度成長期を経て、私費負担の軽減・解消が提起されるようになったことにより、PTAはその活動の目的を失うことになります。東京都教育委員長名による「義務教育学校運営費標準の設定と公費で負担すべき経費の私費負担の解消について」の通達（一九六七年三月：通称小尾通達）は、その先駆的役割を果たしたのです。

原点に立ち戻るPTA

この段階で日本のPTAは、戦前から受け継がれてきた後援会的伝統をも否定され、活動の基盤を失いました。しかしこれは逆にPTA成立期の理念——実現はされていなかったのですが——に立ち返るきっかけを与えることになったのです。教育政策に対抗する教育運動組織として、一九七一（昭和四六）年七月に全国PTA問題研究会（全P研）が結成されました。

PTAの役割に対する期待については、日Pと全P研で違いがあります。国の教育政策に協力的な日Pと、政策に反対する教育運動を起こすことの多い全P研の立場から、異なったPTA論が提起されています。そのいずれもが、PTAの手段的側面、つまり現代日本の子どもの危機的状況を、どのように解決するかといった課題意識の違いなのです。

このようなPTAの役割に対する考えの違いは、具体的な実践場面で現れるのですが、これはPTA成立期と類似しており、その活動・実践の場における政治と教育の問題としてクローズアップされるのです。

たとえば、一九九八年五月に議員立法により通称「サッカーくじ」に関する法律が公布・施行されました。スポーツ振興の財源の確保を目的にしたもので、独立行政法人・日本スポーツ振興センターが実施主体となっていました。スポーツの対象がサッカーに限定されたため、サッカーくじと呼ばれているのです。日Pは、法律成立の以前から一貫して、「青少年に好ましくない影響を与えかねない」として導入反対の立場をとっていました。一九九四（平成六）年以降、継続して政府、国会や国会議員、関係者に対し陳情活動を展開していたのです。しかし法律制定が確実となると方針を転換し、一九九七（平成九）年八月には、販売方法をめぐってコンビニエンスストアでのくじの販売を行なわないよう要請を行いつつも、条件付きでサッカーくじを認めていきます。なおこの間、一九九五（平成七）年五月に、当時の日P会長が中央教育審議会委員

（中教審）に加わるなど、政策側に取り込まれていきました。このように政治と教育が密接に関わっているのです。

以上、アメリカから移入されたPTAの定義・概念を基にして、日本のPTAの歴史的展開について整理してみました。そこで次に、地域の住民組織と保護者の関係とその課題について、PTAの視点から考えてみましょう。

二．PTAの課題と役割

PTAと学校の関係

PTAそれ自体の役割と働きから、学校との関係を捉えてみましょう。

新世界としてのアメリカで、PTAが制度として早くから成立したのは、その母体となった西欧社会とは異なり、地域社会の組織や教育制度が未成熟だったためでした。短期間に開拓のための人材を養成するためには、学校設立への保護者の援助が不可欠だったからとみてよいでしょう。

日本の場合はPTAと類似的なものとして、父兄会、父母会、学校後援会などがあり、その歴史は明治期の近代的な学校の成立まで、さかのぼることができます。PTA

の前身は、義務教育段階の学校の設置主体としての村落共同体（旧村・ムラ）であり、また、その発展としての学校組合（機能集団）でした。代表的なものは、京都の小学校の「学区割」にみることができます。学区（とくに小学校区）は、人びとの生活の単位であり、それを維持していくための組織として学校があったのです。学校への援助は、地域住民にとって最優先の課題とされました。京都の番組小学校は自治組織としての町組によって建設されたものでした（第二章参照）。

日本で一九六〇年代におきた都市化の展開は、学校と地域社会の有機的な結びつきを弱めただけでなく、地域社会そのものの成立を不可能にしてしまいました。しかも学校の役割を知識技術の伝達に限定することにより、それまで家庭や地域社会の果たしてきた養育機能を代替できなくなってきたのです。

PTAの課題

農業社会から産業社会への転換は、女性の居宅外就労を増加させ、PTAへの参加を難しくさせました。それでもPTAの活動が活発なのは、その担い手が専業主婦およびパート就労者の女性によって占められてきたからです。いわゆる家庭婦人と呼ばれる層の人びとでした。専業主婦層がPTAの主人公であり、その周辺に兼業主婦層がいました。例外は自営業・専門職の男性で、彼らの多くは会長としてシンボル的な役割を期待されたのです。

専業主婦層と同じように、日中に自由な時間が取れる男性しか参加できなかったのが、従来のPTAでした。子育てに父親の登場・出番が期待されるようになったとはいえ、勤め人にとって学校の時間帯に合わせて休みを取れる職場は少なく、まして、子どものために仕事を休むことに対しての理解は、女性以上に厳しいのがこれまでの日本社会の現状だったのです。

この点、男女間の格差と差別は、逆の意味で存在していたともいえます。男性よりも女性のほうがPTAに参加しやすい土壌を、今後どのように変えていくかが、とくに都市地域で緊急な課題になっています。

PTA改革のためには、まず日本の労働慣行の改善が必要なのですが、PTA自体が男性の参加を幅広く受け入れられるように、その体質を改善することが必要です。学校、とくに教師の勤務時間に合わせた活動を中心に据えているかぎり、PTAが社会教育団体として脱皮することは不可能なのです。学校後援・援助団体、趣味、ボランティアのサークルの域を出ないかぎり、これ以上の発展は無理であり、個人的な犠牲を前提としたカリスマ性のある人物の支配によってしか、機能しないのではないでしょうか。

任意団体としてのＰＴＡ

ＰＴＡは原則として、本人の自由意志にもとづくボランティア組織です。したがってどのような人がリーダーになるかによって、その活動に大きな違いが生まれます。これはもちろん保護者だけの責任ではなく、学校のＰＴＡへの依存体質に問題があるといえます。

教育はきわめて日常的な次元の問題です。とくに子どもの社会化、社会的発達にかかわるため、学校だけでは問題の解決は難しいのです。したがって家庭との協力が必要になります。ただ教育については、その活動の結果がすぐ目にみえて現れにくいため、ＰＴＡ活動による解決を難しくしています。学校後援会とＰＴＡの違いは、物質的援助ではなく、教師とともに子どもの育成にあたるためにあること、またそのための力量をつけることにあるのです。

問題点として、親の無関心、教師の無関心、そして予算がないことなどもあげられます。活動を活発にするためには、簡単にできること、結果がみえ即効性のあるもの、多くの人の関心のあること、負担が軽く気軽に参加できることが大切です。さらに問題をPTAだけで解決できるものに絞り、手を広げすぎないで徐々にやるといった視点から計画を立てることも重要です。

また、PTAは教員と保護者の二つの組織で構成されていることを忘れてはなりません。保護者だけでなく教師も、立場は異なっても対等な関係を作る必要があります。とかく教育の専門家の教員がイニシアティブを取りやすいのですが、そうではなく親を中心にして教師が親に活躍のチャンスをあたえるということが、今後の課題となるのではないでしょうか。教職員と保護者が、立場を異にしながらも対等の立場で切磋琢磨、意見交換し、共に学び合う関係を創り上げることが求められています。

PTAの現代的役割

PTAは、ミニ社会ということができます。子どもがいるというだけで、強制的に組み込まれる運命共同体的な性格をもっています。任意参加の原則をとってはいるのですが、入学と同時に加入する形式のPTAが多いのが現実です。町会・自治会よりも参加率は高く、日本で最大の地域組織です。

前述の日本PTA全国協議会の正会員は、各都道府県と政令指定都市の「PTA協議会又は連合会」の六四団体で、各小学校における単位PTAの会員数に応じ一人一〇円が上納されます。二〇一四(平成二六)年度の納入額は八五〇〇万円です。なお二〇〇〇年度以降加入PTA数は公表されていませんが、一九九九年の加入PTA数(小・中学校)は三万校弱、会員数はおよそ九六二万人でした。

図4-1は、政令都市の京都市PTA連絡協議会と全国PTA組織との関係を例示したものです。自治体により多様な形態をとりますが、縦横に関係をもつことにより、教育行政に対し影響を与える構造になってます。

近年、日本PTA全国協議会や各自治体の協議会や連合会への加入率は低下していますが、小学校ごとにPTAを設置する単位PTAの制度は、全国に定着したとみることができます。現代日本のPTAの役割を、以下に列挙してみました。

①学校・教師の立場から：学校経営・管理の潤滑化、教育活動への援助、教育環境・条件の整備、家庭・地域情報の獲得の場。②保護者の立場から：家庭教育・養育の補

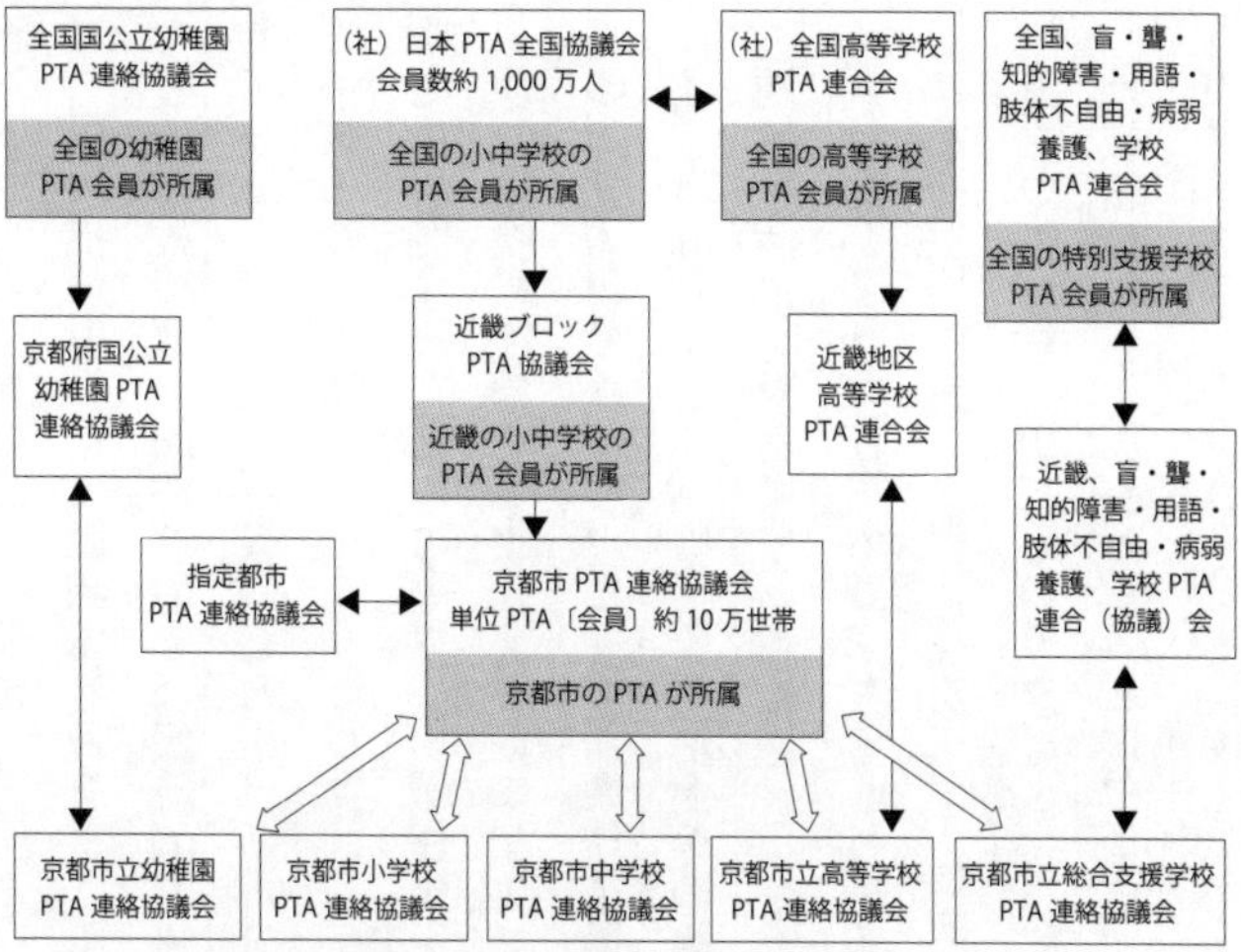

図4-1　京都市PTA連絡協議会と全国組織との関連図
（出所）「京都市PTA関係資料集」平成20年度

助、おとなの社会教育の場、余暇活動・自己実現の場、地域生活情報獲得の場。

以上をふまえると、地域社会で生起するさまざまな教育問題の解決に当たってPTAの果たす役割は、きわめて大きいといえるのではないでしょうか。

おとなの学習の場としてのPTA

先にあげたPTAの役割のなかでも重要なのは、子どもだけでなく、おとなの社会教育の場でもあるということです。長年住みなれた土地であれ、家庭をもってはじめて居住した土地であれ、そこで自分の子どもを産み育て、学校に就学させた親たちは、学校内のおとなの組織であるPTAに組み込まれます。かつての父兄会や育友会など、学校後援会的色彩の強い伝統的PTAの構成員は、地域住民組織のそれと重複しているとはいえ、現役の親と組織の古老との間で、教育観だけでなく地域観にも違いがあるのは当然です。こうした世代のギャップを埋めるために、生涯学習が学校を中心に展開することによって、地域住民を融合させることはできないでしょうか。

昔の体験だけで地域社会を語ることはできませんし、まして次の世代の教育についての考え方は多様です。とくに新興住宅地の場合は、地域への帰属意識はこれから形成すべき課題であり、町会や自治会等の組織に加入することは強制されていません。

地域生活に必要な環境の整備は、「地方行政＝自治体」が行ってくれているとはいえ、行政が多様な住民の要求をすべて実現させることはできないのです。他人まかせではなく、住民としての「自助努力＝自治」を行わなければ、住みよい地域社会は創造できないのではないでしょうか。

地域組織としての町会や自治会への加入率が低いなかで、任意加入を原則としたPTAへの加入は一〇〇％に近いのです。自動的に加入させられたと感じている親が多いのが実態でもあるとはいえ、同じ地域に住む人びとが参加する組織が、子どもたちを成長・発達させるうえで果たす役割は大きいといえます。PTAが地域組織と連携・協力し、若い世代の地元意識を育てていくことが、週休二日制時代の教育課題となっているのです。教師にも、学校そのものが地域に所属する組織のひとつであり、また、PTAのメンバーであるといった認識を強めることが求められています。

この点について、学校と社会教育の連携・融合、地域の教育力といった視点から掘り下げてみましょう。

三、地域住民組織とPTAとの連携・協力

学校を場としたおとなの学習 —— 千葉県の事例

千葉県の農村部と都市部の二つの学校区の具体的な実践事例を通して、PTAの役割を考えてみたいと思います。

まず、農村部の事例は、千葉県唯一の組合立学校のPTAの実践です。布施小学校は、夷隅郡大原町と御宿町の二つの町の境界にあり、二つの自治体が設立した学校組合立の小学校です。千葉県総合教育センターの広報誌『千葉教育 No.482』(一九九九)

は、「千葉の子どもは、いま」をテーマに特集を組んでいます。

布施小学校は児童数九六名の小規模な小学校ですが、住民の学校に対する思い入れは強く、保護者だけでなく全戸がＰＴＡ会員となっています。ＰＴＡ会長は次のように述べています。「兼業農家の増大により価値観も多様化し、学校への理解もさまざま」とはいえ、それは「学区の広さと児童数の減少だけが理由ではありません」と。さらに「情報化社会の日本の子どもが地域社会から切り離され、間接接触による知識が優先し直接体験が乏しくなっていること」を指摘したうえで、恒例となった学校でのもちつき大会の実践を紹介しています。

ユニークなのは子どものためではなく、兼業で共働きのため休日でも忙しく、子どもと接する時間がない住民のためにもちつきが行われている点です。「子どもたちを通じて、学校も地域にオープンとなり、地域からの学校への理解も増します」との指摘は、とくに重要ではないでしょうか。子どもとの接点を大切にして、教師を含めておとなの交流を深め、地域の教育力を高める好事例といえます。

一方で、ニュータウンの事例は、ＰＴＡのメンバーが、地域づくりの中核となったユニークな実践です。地域社会の成立していない居住区で、そこに住み込もうとする定住志向者の、教育・学習運動が学校を核として展開され、地域の教育力を高めています。学校・地域融合研究会を結成し、コミュニティづくりを先進的に実践する、千葉県習志野市の秋津小学校の事例を通して考えてみましょう。この「学校コミュニティ」運動のリーダーのひとり、岸裕司著『学校を基地に〝お父さん〟のまちづくり』(一九九九)のタイトルにひかれ、ここに地域の教育力の原点があるのではないかと考えたからです。

秋津小学校は、一九七〇年代に東京湾の埋立地に新設された学校です。中心部に賃貸集合住宅を配置し、その周辺に分譲集合住宅と一戸建て住宅が建てられた、典型的な大都市型コミュニティ(約二六〇〇世帯)です。東京都心部への通勤が比較的短時間で可能な距離にありました。そこに居住する住民は、日本の伝統的な地域社会の人間関係から解放された自由な人びとであり、また、一定の経済的な基盤をもち、学校を基地にして学習する能力を備えていたのです。

こうしたなかで、秋津小学校では、学校内に小動物のための飼育小屋をつくり、コミュニティルームの地域開放、小舞台を備えた図書室の改修や創作オペレッタの上演など、PTAを中心に学校を巻き込んだ形で、住民が学習と創造の活動をしています。

いずれの活動も、子どもの教育環境の整備・充実を目指したものですが、「お父さんは生き生き」とこの活動に参加しているといった指摘にみるように、PTA活動が住民の地域帰属意識を高めているとみられます。こうした活動のなかから生み出される精神的なゆとりが、子どもたちにとって何よりの贈り物になったのです。おとなと子どもの触れ合いが居住区（ベッドタウン）ではなく、新しい地域社会つまり地域コミュニティ形成を可能にしたのです。

子どもがおとなに知られない秘密の基地をつくり、子どもだけの世界（仲間集団）のなかで、社会化されることはよく知られています。これとのアナロジーでこの千葉県の二つの事例を捉えるなら、おとなの地域生活者としての力量の不足を、子どもの教育施設の学校を借りて、回復しようとしているとみることができます。子どもと同様に、おとなも気心の知れた仲間集団を、生活の場としての居住地で求めはじめたのです。そしてその基地が私生活、つまりプライベートなのですから、おそらく職場では積極的に話してはいないケースが多いのではないでしょうか。

もちろんそこには、教育の専門職者＝プロの教師がいます。住民の馴れ合いやセクト、排他的な仲良しグループを解体させ、共同で作業を仕上げる力を指導してくれるはずです。本来ならば行政機関、特に社会教育行政が担うべき役割を、学校が果たしているると思われます。

地域特性に対応した札幌市の事例

札幌市では、二つの異なった地域特性に対応したPTAの活動が行われています。明治期の開拓・入植以来、百年余の歴史をもつ白石区の札幌市立上白石小学校は、伝統的には農村地帯の学校だったのですが、一九六〇年代以降に札幌市中心部の人口急増に伴い、地区の宅地化が急速に進みました。そのため新しく移住してきた住民と古くから農業を営んできた住民が、混住する地区といった地域特性をもっていました。そして学校の分離独立を繰り返すなかで、町内会や自治会などの、通学区の地域住民組織が、とても複雑に重なり合う構造になっており、新しい住民と古くから居住する住民との交流が、緊急の地域的課題となっていたのです。

PTA内での新旧住民の交流は、さらに保護者以外の地域住民を巻き込む形で行われ、学校を会場にした「ふれあい祭り」を開催しています。またPTAに父親たちの力を動員するために、別組織として「おやじの会」を結成するなど、ユニークな活動もみられました。

おやじの会は小学校の父親を中心とした組織で、名称はさまざまですが、「日本おやじの会連絡会」といったゆるやかなネットワークの全国組織(約四〇〇〇団体)もあります。父親たちが、子育てを母親だけにまかせっきりしているとの反省から生まれたボランティア組織です。二〇〇三年に香川県で第一回「全国サミットおやじ」を開催し、その後各都道府県をめぐっており、二〇一九年には、神奈川県座間市での開催が決定しています。PTAとは異なった原理で運営されるものですが、学校だけでなく地域一体となって、青少年の健全育成をめざす、行政主導ではなく、在野の住民主体の運動団体的な性格をもっています。

次に一九七〇年代に新設された学校のPTAの特徴についてみてみましょう。

一九七二(昭和四七)年に札幌冬季オリンピックが開催されたころの札幌市の人口は、およそ一〇〇万人程度でしたが、その後急速に増加し、現在は二〇〇万人近くにのぼります。市の郊外化が進むなかで、一九七一(昭和四六)年四月に新設されたのが、東区の札幌市立栄西小学校でした。

大規模化した同じ区内の栄小学校と北小学校の児童計五〇九名と共に通学区から分

離独立の形をとったため、開校当初から新興住宅地特有の問題を抱えていました。通学区の分離は、子どもだけでなく保護者にも不安を与えたのです。

栄西小学校は急いで建設された校舎のため、建設直後から欠陥が目立っていました。建設から二〇年後には老朽化が進んだのですが、その修理・改修の陳情・請願活動ためにPTAが重要な役割を果たしたのです。大規模改造工事は一九九八（平成一〇）年から二年かけて実施されています。

さらに都市近郊の住宅地の公園や空き地での不審者の出没などをきっかけに、教育環境の改善・整備にもPTAが積極的に取り組んでいます。そして二〇〇一（平成一三）年には、「子どもを守る会」が結成されました。その主要メンバーは、PTA役員のOB、しかも地域住民組織としての自治会の役員、児童委員、民生委員、青少年育成委員など、かつてPTAを中心的に担った人びとだったのです。子どもの学校卒業後も、地域の学校と住民が強く結びついている事例、しかも新興住宅地での実践です。そして、おやじの会、子どもを守る会、いずれもPTAのOB、つまりPTA活動経験者がその中心を担っているのです。

「職場体験」とPTA —— 兵庫県と富山県の事例

中学生の「職場体験活動」にあたって、重要な役割を担うのもPTAです。職場見学でなく職場で体験活動を行うには、事業所の協力が不可欠です。公共機関の事業所であれば、学校だけでも探すことは出来るかもしれませんが、民間の事業所は基本的には営利を目的にしているのですから、手のかかる中学生をそう簡単に受け入れるわけにはいきません。ましてこれを指導するには、時間と人手がかかるのです。義務教育段階の中学生の職場体験を指導できる企業や店舗・事業所を探すにあたって、学校がまず協力を依頼したのが、PTAでした。

兵庫県の「地域に学ぶ『トライやる・ウィーク』」（一九九八年開始）や、富山県の「社会に学ぶ『一四歳の挑戦』」などは、五日間にわたり学校に通学せず、自宅から職場に通勤する形をとっています。このような、中学二年生を対象とした職場体験活動は、日数の多少はありますが、現在では全国の公立中学校に広まっています。最近の広報誌の表紙を図4-2に示しました。

富山県が一九九九（平成一一）年に、全県の三分の一の中学校で試行実施した際の配布資料、「家庭と地域のみなさんへ」のなかでは「揺れる思春期」、「『一四歳の挑戦』を通して子どもたちに生きる力を」、「地域の子どもは地域で育てましょう！」と呼びかけています。

県教育委員会は、その趣旨について「中学二年生が一週間、学校外で職場体験や福祉・ボランティア活動に参加することにより、規範意識や社会性を高め、将来の自分の生き方を考えるなど、生涯にわたってたくましく生きる力を身に付けます」としています。各市町村及び学校では、「社会に学ぶ『一四歳の挑戦』」推進委員会を、教職員、保護者、地域の各種団体代表者、受け入れ施設の担当者、企業関係者等で組織します。PTAはその中心的な役割を担ったのです。

図4-2「14歳の挑戦」の呼びかけ

富山県に先がけて、週単位の職場体験を実施したのが兵庫県でした。兵庫県神戸市で一九九七（平成九）年に発生した神戸連続児童殺傷事件は、当時一四歳の中学生二年生によるものでした。兵庫県教育委員会は、この事件を深刻に受け止め、まさに思春期の中学生は、学校内だけでなく現実社会での体験が不可欠と考え「トライやる・ウィーク」を構想したのでした。

その目的は富山県と同じように、中学生が職場体験、福祉体験、勤労生産活動など、地域での様々な体験活動を通じて、働くことの意義、楽しさを実感し、社会の一員としての自覚を高めるなど、生徒一人一人が自分の生き方を見つけられるよう支援することにあったのです。そして、「トライやる・ウィーク」への取組を通じて、学校・家庭・地域社会の連携、社会全体で子どもたちの人間形成や社会的自立の支援を行うことにより、子どもたちを中心とした地域コミュニティの構築へと発展することを期待したのでした。

図4-3は「トライやる・ウィーク」の推進体制を図示したものです。「地域の子どもは、地域で育てる」を基本として、学校、家庭、地域の三者を三角形の矢印で結び、中学二年生の「自分探しの旅」を、ゆとり、出会い、発見といったキーワードで示している点はとてもユニークです。これは、二〇〇四(平成一六)年に行った「トライやる・ウイーク五年目の検証」の報告書に掲載されたもので、その後の全国展開につながっていきました。

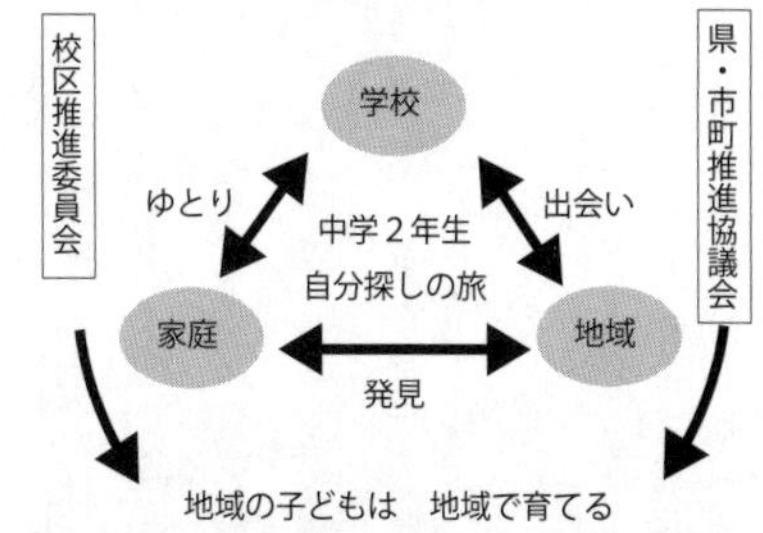

図4-3　「トライやる・ウイーク」の推進体制

地域人材育成と社会教育施設

これまでPTAが関わる実践について見てきましたが、これらは個人的な努力に負うところが大きく、教育システムとして一般化することは難しいと思います。学校を有効に活用して、地域社会の担い手を育てる実践はとても貴重ですが、むしろ社会教育行政・施設を中心に展開されるのが、本筋ではないでしょうか。児童・生徒数の減少にともない、学校をコミュニティ施設に転用しようとの動きが各地で進んでいますが、学校の特性を考えるならば、専門的な指導者・カリキュラム等の態勢を整えて、これを社会教育施設として整備すべきだと考えます。

というのも、第二次世界大戦後に制度化された、社会教育の拠点としての公民館は、学校教育に比べて、物的・人的な環境条件の整備が遅れたため、集会場や貸し館としての機能が優先されてしまいました。そこに働く人びとの献身的な努力にもかかわらず、成人の学習・教育機能が十分果たせず、地域社会の担い手の育成が十分にはなされてこなかったのです。ましてPTAの所管課は社会教育行政にあるのです。

子どもたちのゆとりを確保し、生きる力をつけるためにも、おとながゆとりをもって学習することが必要です。しかし個人的な努力には限界があります。だとすれば発想を変えて、おとなのために学校施設を活用して、つまり社会教育機関としての機能を充実させ、地域住民の力量を高めることが大切ではないでしょうか。二〇〇二（平成一四）年の完全学校週五日制実施からすでに二〇年近く経つのですが、その活用をめぐって現在も多くの議論があります。しかしながらおとなの週休二日制を生かし、子どももおとなもゆとりをもって地域生活が送れる条件は、かなり整ってきているのです。働き方改革が政治問題化していますが、人間の生きる力は、ゆとりが最も重要であり、一朝一夕に形成されるものではないのですから。

◉第五章

「家族」をひろげる地域教育

現代日本の家族はこの半世紀の間に、その形態と機能を大きく変容させています。寿命の延長、家族規模の縮小、家族のライフスタイルの多様化などが進むなかで、福祉と教育をどうかかわらせるかが政策課題となっています。

本章では、教育を成り立たせる条件としての福祉という考えをまず明らかにし、つぎに現代日本の家族の特徴を整理します。そして地方圏域の山間の地で、擬似的な親子関係を重視した伝統芸能が、地域福祉と地域教育を密接に結びつけている実践事例を取り上げます。地域社会を存続させるための地域住民の生涯教育・学習の必要性についても考えてみたいと思います。

一．家庭の福祉と教育を考える

福祉国家と「新しい貧困」

中・高年世代の方々にとっては、「福祉社会」という言葉よりも「福祉国家」という言葉の方が、耳慣れているのではないでしょうか。というのも、福祉という言葉が一般に使われはじめたのは、第二次世界大戦後になってから、それも一九六〇年代の日本の高度成長期のころだったからです。国のあるべき姿として、「福祉国家」が目標として提起されたことがきっかけでした。戦後の復興期を経て急激に国の生産力が高まるなかで、国民一人ひとりの物質的な豊かさが、必ずしも均等に保障されていないことに対し、国がその格差を人びとの富の問題として捉えて、政策課題としたのです。

しかしながら、福祉国家とは物質的に豊かな国家、という意味だけではありません。国家全体の富と個人の富とを比較すること、つまり「富の分配」として福祉を捉えることは、第二次世界大戦後の窮乏生活に耐え、国の経済成長のためにつくした国民にとって当然のことだったのです。しかしその達成の過程で新たな問題が発生してきました。物質の富が必ずしも個人の福祉を保障しないばかりか、経済至上主義、財物への信仰が個人の生活を破壊するような事態が引き起こされたのです。人びとの欲望は限りなく広がり、競争原理に支配された国民は、競争に敗れることにより社会的弱者とみさなれ、新たな窮乏生活を余儀なくされることになっています。それは「新しい貧困」と呼ばれるもので、物質的だけでなく精神的欠乏をも意味していました。

「豊かな社会」と社会の病理

アメリカの自由主義経済学者のガルブレイスは、一九五八年に著された『豊かな社会』のなかで、生産力の向上により欠乏を克服し物質の豊かさを得ても、貧困はなくならないで、それまでの社会とは異質な問題を発生させると指摘していました。そして、社会の基本問題は、ものの欠乏ではなく人間の問題になり、人間への投資としての教育が政策的課題になると提起しました。

ガルブレイスは、ものの豊かさのなかで人間の問題が出てくるということを、経済大国のアメリカ社会の分析を通して警告していたのですから、この著作が高度経済成長期の初期に、翻訳刊行された意義はとても大きいのです。

それは個人の病理であると同時に、そのような事態を発生させた社会の病理として捉えられるべきものでした。そして、社会の病理をなくし、個人の福祉を保障するための国家が、福祉国家なのです。

福祉がさらに高い水準に達すれば、それは国家の概念を超越した、人間共通の社会という視点から「福祉社会」と名づけられるようになりました。しかし、福祉社会の理想とされる北欧やイギリス、ニュージーランドなどの国々が、経済的な貧困問題に直面していることからも明らかなように、その道は厳しいといわざるをえません。この目指すべき福祉国家の概念は、多様な意味を含んでいるのですが、ここでは、『社会学小辞典』(一九七七)をもとに、箇条書き的に示しておきます。

福祉国家とは、①「豊かな社会」で所得の分布が平等であること、②社会保障により適当な水準で最低生活が維持されていること、③教育の普及、機会の均等化、④完全雇用の達成、⑤最低賃金制の実施、⑥政府・公的機関の活動が活発であること、⑦資本主義経済と社会主義経済の混合経済体制、⑧議会制民主主義が確立していること、などがあげられています。

個人の福祉と社会の福祉

それでは、これまで当然のように使用してきた「福祉」とは何を意味するのでしょうか。私の専門ではないのですが、福祉学を専門とする友人が福祉（welfare）とは「幸せ」であり「さいわい」のことである、と私に説明してくれました。ここでは個人の次元だけでなく、社会の福祉を考えますが、そうした幸せの確保を目指す途上に、現在の日本はあります。福祉とは地域住民が地域に誇りをもって、生き生きと生活すること、それ自体に原点があるのです。

福祉制度について、社会福祉学者の仲村優一は次のように説明しています。

高齢者・障害者・児童等の社会的扶養を必要としている人たち、すなわち、保育・養護・介護・援助・相談等の『福祉サービスを必要とする者』に対する人的役務サービスの制度。
（『高齢社会の生活と福祉』一九九〇）

つまり「社会的扶養」を必要としている児童、とくに養護の「人的役務サービス」を行う施設・領域としての福祉は、児童福祉の分野に含まれるのですが、これは学校教育とくに義務教育と密接に関連しています。

そして教育社会学者の菊池幸子は「福祉教育」の立場から、学校教育の場面で子どもたちが学習すべき狭い意味での福祉の内容・枠組みについて提起しています。菊池によれば福祉教育とは、「住民（健常者と障害者、幼児・児童と成人、若者と高齢者）が、同じ環境条件のなかで生活し、差別なく相互に援助できるような知識、態度を学習すること」（『現代学校教育大辞典』二〇〇五）と説明しています。

この「同じ環境条件のなかで」の部分として、学校という場を考えるとき、今の日本の学校に不適応をおこしている児童・生徒が増えている事実、さらに子ども同士の暴力やいじめが社会問題化していることを思い起こさなければなりません。こうしたところに、福祉教育の課題があります。

次に、子どもが置かれている現代日本の家族や地域住民の生活実態に即して、今福祉教育に何が必要とされているのか明らかにしたいと思います。

また現代日本の家族の特徴を把握し、擬似的な親子関係の形成を通して、地域社会が再生されている実践事例について取り上げます。

二．現代日本の家族を知ろう

主要事業（イベント）	1935年（昭和10）	1970年（昭和45）	2005年（平成17）
結婚年齢（平均初婚年齢）	男27.8歳　女23.8歳	男26.9歳　女24.2歳	男29.8歳　女28.0歳
子供数（合計特殊出生率）	4.5人	2.13人	1.3人
出産期間	15年	7年	5年
子供の養育教育期間	27年	23〜27年	23〜27年
夫定年年齢（55歳余命）	50〜55歳（男15.5歳　女18.5歳）	55歳（男19.7歳　女23.5歳）	60〜65歳（男25.3歳　女32.2歳）
死亡年齢（平均寿命）	夫46.9年　妻49.6年	夫69.3年　妻74.7年	夫78.6年　妻85.5年

図5-1　家族のライフサイクルの変化

（出所）エイジング総合研究センター『高齢社会基礎資料集』2007〜2008年版

現代家族の特徴

日本は平均寿命・余命が急激に伸びるなかで、これまでの学校教育での学習だけでは、生涯にわたって豊かな生活を保障することは困難になってきているのではないでしょうか。「不断の学習」つまりたえず学習を続けなければならない社会、そのような社会はなぜ生まれたか。個人の生活環境によってその内容が異なるとはいえ、生涯にわたる学習の必要性について、人びとの家族生活のそれぞれの段階にそって考えてみましょう。

現代の家族構成上の特色は、家族規模（厳密には世帯規模）の縮小と、家族周期にあります。家族周期は家族生活の段階を示しており、ライフサイクルと呼ばれます。図5-1は、一九三五（昭和一〇）年、一九七〇（昭和四五）年、二〇〇五（平成一七）年の三つの時点での、家族周期（ライフサイクル）を示したものです。まず気付くのは、昭和戦前期の一九三五年の平均寿命が、夫四六・九年、妻四九・六年で、五〇歳に満たないことです。第二次世界大戦後の一九七〇年には夫六九・三年、妻七四・七年、二〇〇五年には夫七八・六年、妻八五・五年と、大幅に延びています。また、子どもの数が減少し、出産期間も短くなっているにもかかわらず、子どもの養育・教育期間がほとんど変わっていないのです。

形態の変化	家族類型別世帯数（%） 1965年	2005年
●家族規模の縮小		
●核家族世帯 →	53.0	57.9
内訳　夫婦と子ども世帯	72.0	51.6
ひとり親と子ども世帯	14.2	14.1
夫婦のみ世帯	13.8	33.9
●単身世帯 →	16.1	29.5
●その他の親族世帯 →	30.5	12.1

図5-2　現代家族の特徴　（出所）総務省「国勢調査」

このように、人生八〇年と呼ばれる時代では、子どもが一人前になったあとも、親が生き続けられる、というよりは、「姥捨て山に捨てられる」ことなく、生き続けなければならない時代が到来したと捉えることもできます。

ここで問題となるのは家族の果たすべき役割と機能が大きく変化していることです。図5-2は、現代家族の特徴を家族類型の割合で比較したものです。これをみると核家族世帯の多様化が極端に進んでいることがわかります。夫婦と子ども世帯は四〇年間に七二・〇%から五一・六%に減少し、その一方で夫婦のみの世帯は一三・八%から三三・九%

に増えているのです。単身世帯が一六・一％から二九・五％に増大しているのも大きな特徴です。

とくに、子どもの数の減少は、きょうだい、親子、祖父母などとの人間関係による人間形成機能を低下させています。また家事の合理化、生活の社会化は、子どもが家庭内で社会的役割を取得する機会を奪うことにつながるのです。家庭における子どもの役割が、きちんと学校に行くこと、そしてよい学業成績をあげることとなると、家庭は学校の補完というよりも、その一部に組み込まれてしまいます。もちろん、教育の役割分業という面で、補完的であることをもって、これを一方的に問題であると決めつけることはできないかもしれません。重要な点は、現代の日本において、この学校教育の補完すらできない家族があることです。家庭・地域・学校が協力して……といったとき、家庭をもたないか、あるいは崩壊状態にある子どもたちはどうなるのでしょうか。

家族の小規模化

参考までに、国立社会保障・人口問題研究所の「日本の世帯数の将来推計」を示した

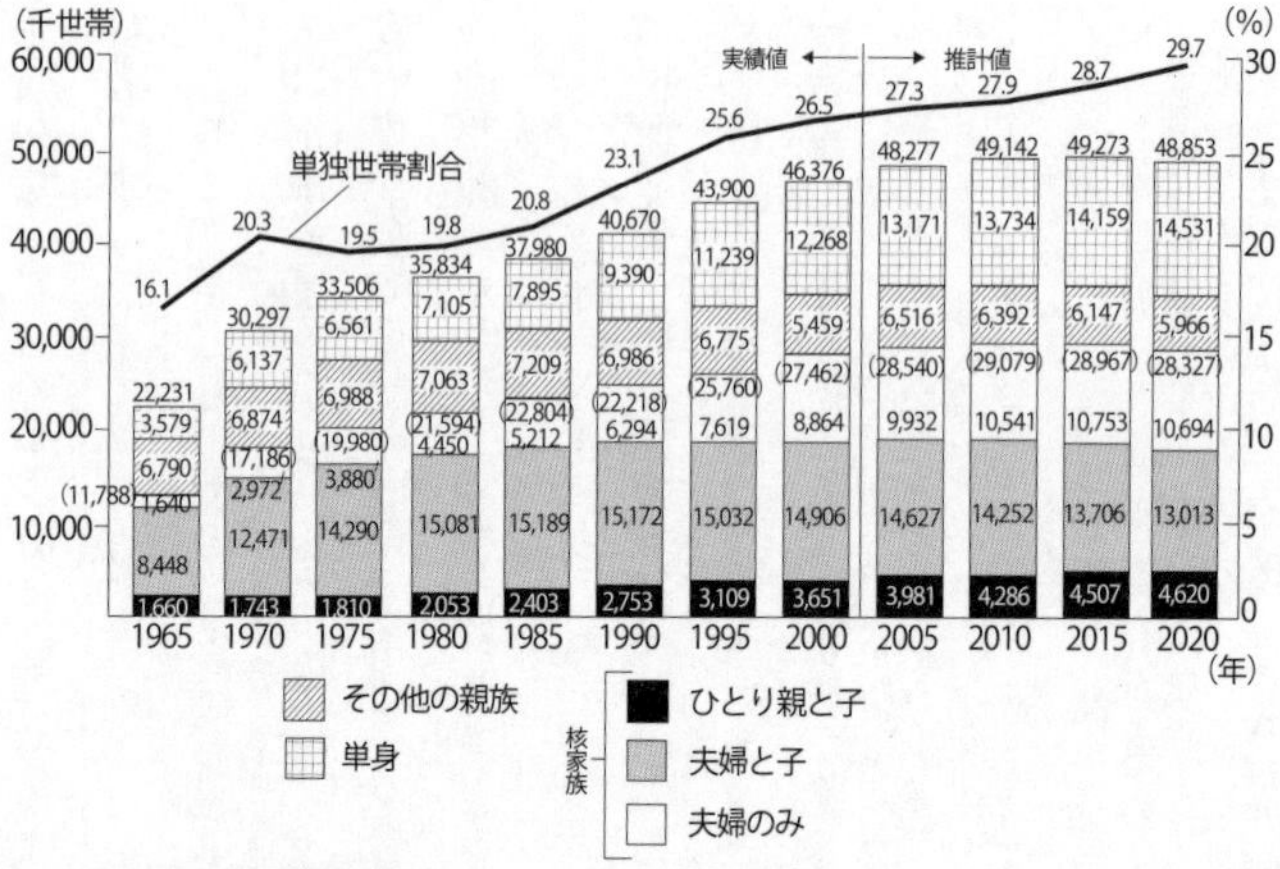

（注）カッコ内は核家族世帯の合計値。

図5-3　家族類型別世帯数の推移　（出所）総務省「国勢調査」

のが図5-3です。一九六五年の単身世帯の割合が一六・一%だったのが、二〇二〇年には二九・七%にまで増大すると推計されています。一九六五年の総世帯数二二二三万世帯であったものが、四八五三万世帯に増大しているとはいえ、単身世帯の割合の急激な増加は、結婚年齢の上昇や少子・高齢化の現実を象徴しているのではないでしょうか。

子どもの数の減少、女性の居宅外就労にともなう家庭内における性別役割の変化、さらに、一九六〇年代の高度成長期に急激に進んだ、人口の大都市圏域への流入による都市家族の核家族世帯化は、子どもの教育環境としての家族の働きを大きく変化させてきたのです。

家族の人間関係

集団としての家族の特徴は、その構成員によって規定されます。家族は、まず夫婦関係を基礎として、親子関係、きょうだい関係を派生させるのです。二人関係から三人以上の関係への展開は、人間の相互行為の網の目を複雑なものにし、それはやがて全体社会に発展するものです。二人の世界が全体社会に結びつく、その媒介としての家族集団がどのような形態をとるかは、時代により異なっています。原始共産制の社会においては、家族は、家族はそれ自体、運命共同体として全体社会を構成していました。人は家族内に生まれ、家族内で死んでいきます。家族以外の社会関係を取り結ぶことはなかったのです。

このような段階での家族は、親子、きょうだいという血縁の近い関係だけでなく、同じ祖先つまり家系を同じくする人びとの集まりであり、現在のように家族とそれ以外とを明確に区別することはできないのです。極端な喩えになりますが、「人類はみなきょうだい」といった家族関係がそこに成立していたのです。

これは、人びとの生活圏域が日常的に、対面の関係に限定されていたからです。しかし、やがて生産力の増大、生活圏域の拡大にともない、日常的には接しない人びとの存在が、生活上必要となってきました。というのは、人間の生活は、環境に規定されているからです。古事記と日本書紀をもとにした「日本神話」の海彦、山彦の話にみられるように、基本的には自然条件により、異なった生産が地球上の各地で展開されていました。とりあえず生命を維持する段階から、より豊かな生活のために、お互いの特性を生かし、生産物を交換するという関係が生まれてきたのです。これは社会的分業と呼ばれるもので、この分業により、家族はより効率的な単位へと分解されていくことになりました。

「生産の単位としての家族」といった視点は、家族と教育との関係を捉えるうえで、きわめて重要です。とくに現代社会では、消費生活の単位としての側面に重点をおいて家族を捉える傾向が強くあります。産業構造の転換により、家族はかつてのような生産の場ではなくなったとされますが、これは、家族の生活している場で、生産活動が行われなくなったということで、家族全員が生産活動を行わなくなったのではありません。家族の生活の糧を得るための活動が、家族の消費生活の場から分離されただけなのです。

もちろん、ここで家族内の役割の分業が行われたことにより、家族の教育機能は大きく変わることになります。両親が居宅外就労を行う家庭では、子連れ出勤が可能な職場を除き、子どもの教育を居宅内の他のおとなに託すか、それが不可能な場合は、家族以外の個人もしくは保育園に代表される機関に頼ることになります。

三世代家族では、祖父母がその役割を担うことになりますが、二世代家族では、公的保育施設や民間の施設を利用しなければなりません。こうして、経済学の用語でいう「家族の教育機能の社会化」が起こります。就学前の教育が、家庭を中心に担われていたのが、学校に類似する機関に移行しつつあるのが、現代社会の大きな特徴です。

つまり、子どもの教育を家族の次元で捉えるか、それとも全体社会の次元で捉えるかといった、「対個人―対社会」の関係で教育が問題とされているのです。そのいずれもが必要ではあるのですが、どちらにウエイトがかかるかは、個々の家族の問題というよりは、社会全体がどのようにこれを選択するか、つまり国家の政策に左右されています。

いずれにしても、伝統的な家族が失われつつあるなかで、家族外での教育をどうするかが問題となります。

そこで次に、家族内教育を保管する長野県小海町の実践事例を検討してみましょう。

三．伝統芸能と擬似的な親子関係

長野県の山間地での郷土芸能の伝承

地方生活圏の事例としたのは、長野県東部地区の南佐久郡小海町です。佐久地区は、佐久エリアと呼ばれており、その周辺部の小海町は、千曲川上流域の人口約六〇〇〇人弱の地方小都市です。この町の山間部に隣接する二つの集落（親沢区と川平区）に伝承されてきた郷土芸能を通して、福祉と家族そして地域教育について考えてみましょう。

表5－1は、小海町の人口・世帯数と、町の産業別就業人口を構成比で示したものです。日本全体の第一次産業の割合は約四％程度であるのに対し、長野県は約一〇％で農業の色彩が強くなっています。なかでも佐久地区は第一次産業の比率が高く、農村的色彩がやや強い地域といえるのですが、日本全体の農村部を含む生活圏域で

第一次産業	第二次産業	第三次産業	合計
23.1%	23.2%	53.7%	100%

（注）2573人に調査。

表5-1　小海町の産業別人口の割合

（出所）総務省「国勢調査」2010

	人口	世帯	世帯あたりの人員
小海町	5,649人 （男2,726　女2,923）	2,017世帯	2.80人
親沢地区	293人 （男143　女150）	86世帯	3.41人
川平地区	125人 （男66　女59）	45世帯	2.78人

表5-2　小海町と両地区の人口と世帯　（2009年4月1日現在）

あれば、ほぼこれと類似しているのではないでしょうか。ただ小海町の場合は、第三次産業の割合が五三・七％と半数を占めており、生活圏域内の小都市的な性格が強くなっています。

高齢化は都市よりも地方で早く進行しており、また性別によっても異なっています。小海町の場合、二〇一五年には、六五歳以上の人口は三九・一％で、全国平均二六・六％よりも一二・四％も高くなっています。また男女による差も大きく、町の二〇一〇年国政調査資料でも、男は三〇・三％、女は四〇・〇％と大きな違いがありました。

表5-2は、小海町の住民基本台帳をもとに、町全体と親沢地区と川平地区の男女別人口と世帯数、および世帯あたりの人員構成を示したものですが、両地区に大きな違いが認められるのはなぜでしょうか。町全体の世帯あたりの人員が二・八〇人であるのに対して、親沢地区が三・四一人と際だって高いのです。川平地区は町の平均に近いのですが、これは町の中心部と周辺

部で、世帯の人員構成が異なっているためと考えられます。親沢地区と川平地区は隣接した集落で、道路が整備されスクールバスが開通するまでは、両地区の名称を冠した小海小学校の「親川分校」があり、高学年から本校に通う形態をとっています。私たち研究グループは、同じ町内でありながら、しかも隣接地区でこのような違いを生み出した要因は、伝統芸能の伝承の形態の違いにあるのではないかと仮説を立て、長年にわたり調査を行ってきました。郷土芸能は全国各地にみられますが、「擬似的な親子関係」による伝承形態が、地区人口の減少を食い止め、地域社会の福祉と地域教育にとって有効性をもつとみたのです。この芸能の関係者や教育行政担当者他からの聞き取り調査をもとに、考察をしていきたいと思います。

郷土芸能の伝承

郷土芸能の伝承には、大きく分けて二つの形態が考えられます。ひとつは芸能そのものに価値を置くものであり、もうひとつは伝承自体に価値を認めるものです。芸能、芸術など文化遺産を引き継ぐためには、これを受け継ぐ人びとの存在が不可欠です。これまで高齢者というより、日常生活の用語で「古老」と呼ばれる人びとが地域の芸能を守っていました。

小海町でも古老の役割があるわけですが、同じ人が芸能の水準を維持することよりも、地方の文化を若い世代に伝承させることに重点をおく形態もみられます。芸は下手になるかもしれないけれども、次の世代に伝達させることによって、地域社会に果たす若者の役割を意識化させ、地域の後継者を確保することが可能なのです。「若い世代に継承」、「古老が伝承」という二つのパターンの事例を、小海町の親沢地区の人形による「三番叟《さんばそう》」と川平地区の「鹿舞《ししまい》」を通してみてみましょう。

図5-4　親沢の三番叟
（出所）「小海町広報 第495号」2017

三番叟を演じる人は、三体の人形（翁、千代、丈）と大鼓、小太鼓、笛などの一二名で、七年ごとに、新しい人に入れ替わります（図5-4）。人形を操作する「弟子（子方）」とこれを指導する「親方」、さらに先代の親方を「おじっつあ＝祖父」と呼んでいます。三月の下旬から四月三日の祭の当日（現在は月初の日曜日）まで一〇日間にわたり、地区の公民館を会場に深夜まで集中的に練習が行われるのです。祭りは、村の鎮守・諏訪神社で演じられるのですが、境内の東西（左右）に対面式の舞台があり、まず川平の鹿舞が、次いで三番叟が演じられます。

人形を演ずる方にお話を聞いてみました。農業専従の井出紀夫氏（翁のおじっつあ）は子方の時代の想い出として、『親方』『弟子』の境が明確で、礼儀作法の大切さを教え込まれたのですが、練習を通して学んだことは、まず第一に耐えることで、人生勉強になったのですが、当時は楽しみより苦しみだった」と話してくれました。

祭の当日は、親方と子方総勢二四人が、諏訪神社の神主からお清めをひとりずつ受けて舞台にあがります。演じるに先だって、隣接する親沢と川平の集落の祭典係がそれぞれの舞台にあがり、相互に挨拶を行います。これは二つの集落の情報の交換と付き合いの場になるのです。三番叟の出役者は、一九六〇年代までは特定の家筋（家系）の長男だったのですが、集落の人口が減少したため、かつてほどこだわらず、次男、三男でも村に残る人が芸能に参加し、祭典係も集落の全世帯が輪番で世話をするように変化してきています。また近年は、新規来住者も地区に住み込む意思が確認できれば、参加を認めるようになっています。

擬似的な親子関係の重視

演者が七年で交替するということは、子方、親方、おじっつあまで関わると、ちょうど二一年かかることになります。教育方法にみられる特色をあげると、親方は子方を指導し、おじっつあは親方を指導し、直接子方を指導することはできません。子方の演技が悪くても、子方に直接指導するのではなく、必ず親方を呼んで注意します。このことは、三世代家族のなかで、子どもの教育を考えるときに参考になるのではないでしょうか。この擬似的な親子関係は、ひとつの教育上の原理を示しているのです。

祭りの演者が二一年で変わるサイクルは、現実社会のなかでは一世代にあたり、伝統芸能の演技の世界とはいえ、地域社会のなかでひとつの節目をうまく組み込んでいるといえます。芸能が上手、下手ではなく、交替すること自体に意味があるのです。演技の上手な人、また好きな人だからといって、いつまでも演技を続けることができない仕組みになっている点が、とても重要なことなのです。

一方、谷川をはさんで親沢地区と隣接する四五戸ほどの集落の川平地区には、伝統芸能の鹿舞があります。親沢の三番叟が演じられるときに先だって、川平の鹿舞が諏訪神社の境内で演じられます。鹿舞の演者は四〇歳代の人が中心で、囃子方はかなり高齢の人びとです。鹿舞を演じる人は、二〇年ほど前までは高校生だったのですが、地区外に転居・就職してしまったのです。引き継ぎ手がいないため、これまでに演じた中年の方が舞方を引き受けざるを得なくなっています。止めるという話もあったようなのですが、長年継承したものを絶やすわけにはいかず、子ども世代の親が変わって演じることになったと、七〇歳代の囃子方が話してくれました。

ただ表5-2に示したように、隣接する二つの集落でも親沢の世帯規模（家族員数）が、町全体、また川平よりもかなり大きいのは、三番叟の伝承形態の「疑似的な親子関係」が、次の世代を地元に定住させ、人口の流出を防いできたからではないでしょうか。

自治体行政と地域コミュニティ

もちろん、家族の後継者は確保できても家業は継承できない状況は、農山村だけでなく都市の自営業者にもいえることです。情報化の進展により急激に変貌する日本の産業と就業構造のもとで、家族の生活基盤を、地域社会のなかでどのような形で形成していくか、一九六〇年代とは異なった課題が生起しています。

小海町では一九六〇年代以降、急激に人口が減少し、山間部の集落の中心地への集団移転も行われています。高原野菜と花卉類など高地の特性を生かした農業を中心に、リゾート開発、スキー場、温泉、別荘地、保養施設、美術館などの開発も進めています。現在は東京大都市圏域に近いこともあって、定住人口に期待せず、都会との交流人口により地域の活性化を図ろうとしています。

二〇一〇（平成二二）年の町役場でのインタビューと、私たち研究グループが行った調査をもとに、地方圏域の課題をさぐってみました。総務課長の井出裕次郎氏は、町の活性化のためには「ちょっとしたきっかけ」が必要であると語っています。

都市との交流のよさは、住民が忘れていた町の部分を気づかせ、これに付加価値・魅力をつけることであり、観光も金だけが目的ではないのです。カムバーバック・サーモン（鮭が生まれ育った地に戻ること）ではないのですが、故郷に戻りたくなる町にするためには、誰もが手を出せるシステムを構築することが行政の役割なのです。かしこまったものでなく、子どもも高齢者も誰もが町のために何か出来ればと思います。団塊の世代も定年退職後の行き場が無いのですから、今まで忙しかったその半分でもいいから、ゆっくりと頼まれたときは参加・貢献できるような街づくりが大切なのです

また教育長の古清水拓男氏も、次のように語っています。

「帰りたくなる町」にすることが、教育上の大きな課題だと思います。田舎の町として、高校まで地元で育てても、八割は都会に出て帰ってこないのです。せっかく育てたのに都会に捕られてしまうミス・マッチ。人材が奪われているのです。金は要らないから人を帰して欲しいのです。もう一度戻って活躍してもらいたい。そのためには帰りたくなる町にしなければならないのですが、「こんな街はもう駄目だ、帰ってくるなよ」ではなく、「こんなにいい町なのだから、仕事は何とかしてやるから帰ってこいよ」といった意識に、町民・おとなを変えることが大切なのです。

このように、総務課長も教育長も、最終的には住民の意識を変えることの必要性を、指摘しています。小海町の人口は一九六〇年代におよそ一万人だったのが、二〇一〇年には五〇〇〇人台まで減少しています。しかしながら、山間僻地の集落移転もすませ、町内の交通網も整備されており、移住・定住促進ための宅地分譲も行われるなど、けっして過疎の町や、まして限界集落と呼ばれるような地区ではなく、住民は日常生活圏域としての佐久エリアのなかで、生活しているのです。

地元	Uターン	都会	地元以外	未定	合計
3.4%	17.4%	20.1%	7.4%	51.7%	100%

（注）小海中学校2年生・3年生149名を対象にした。

表5-3　中学生の将来の希望生活

（出所）放送大学「地域の教育」研究会実施調査（2006年3月）

表5-3は、放送大学地域の教育研究会が、二〇〇六年に実施した「小海中学校生と保護者の意識調査」のなかから、将来の希望生活地の結果を示したものです。中学生の段階ですので、半数の生徒が未定と回答しているのは、当然のことだと思います。しかしながら、希望地を回答した半数の生徒のうち、四割（全体の二割）が地元（三・四％）とUターン（一七・四％）と応えているのです。一度地元を離れても、やがて出身地（地元）での生活を希望している人が多くいます。子どもの数の減少を考え合わせると、

家族（親）の扶養を意識しているためなのかもしれません。教育長のお話にあったような、人材を都会に取られてきた歴史とは異なった流れ、また住民の意識変化がみられはじめたのではないでしょうか。いずれにしても、子どもが将来生活できる環境の創造と、新たな地域コミュニティの形成が、行政だけでなく住民自身の責任であることは間違いないと言えます。

長野県小海町の実践は、地域の福祉と教育が、家族を媒介として成立していることを示す絶好の事例なのではないでしょうか。日本全国に共通することですが、農山村の過疎化にともない、これまで農業集落が保有してきた人びととの強固なつながりが薄れるなかで、今回紹介した郷土芸能が、集落、つまり地域コミュニティを維持・発展させる機能を果たしてきたことがわかるのです。

◉第六章

山村留学と都市・農山村交流

地域社会ではその自然的・社会的条件を生かして、自治体としての活性化を図るために、全国各地でさまざまな事業が展開されています。とくに生涯学習とまちづくりや都市と農山村の交流事業などが、地域社会の教育機能を活かして行われています。ここでは、まず都市と地方の教育の違いについて考え、次に公益財団法人「育てる会」の山村留学の実践を通して、都市と農山村との交流により、地域社会がいかに活性化するかについて、地域教育の視点からそこに内在する課題について考察します。

一．都市と農山村の交流を図ろう

中央と地方の関係

「地方」という言葉は、「中央に対する」という意味で用いられるのが一般的です。中央に対するということは、社会＝国家における中心、具体的には政治・経済そして文化などの集積した地域に、支配・服従させられる地域というイメージが強いのです。社会の近代化は、多様な機能の権力を特定地域に集中させる形で展開してきたという意味で、両者の間には、権力関係が存在するといっていいのではないでしょうか。

「地方の時代」という言葉が盛んに用いられはじめたのは、一九七〇年代に入ってからでした。経済、政治そして文化、教育などの機能が、中央に偏り、それに伴って、過疎・過密が進行したのです。都市の過密による病理現象に対して、地方により豊かな生活があるのではないか、と考えられたのです。「地方の時代」は、地方を活性化させるために、地方の利点、長所を過大に喧伝するためのスローガンとして用いられました。

「地域の復権」という言葉も、同様の社会的背景で捉えることができます。「復権」とある通り、もともとあった権利をもう一度見直そうという動きでした。さらに「地域主義」という言葉にも端的に示されるように、この時期の地域論は、中央に対する地方の復権、というイデオロギーとして、重要な役割を与えられていたのです。

都市の論理と地方

中央と地方の基本的な性格について、歴史家の羽仁五郎は『都市の論理』（一九六八）の第一部「歴史的条件の序説」のなかで、次のように述べています。

地方というのは権力の関係です。自治体というのは自由の関係です。この相反する二つの関係が混同されているのが、地方自治体というものの実体および概念なのです。

ここで羽仁は、地方自治体といった用語の矛盾を指摘したうえで、国家権力としての中央に対する地方の自治は、論理矛盾であるとして、地方主権を主張しています。また人間の解放は都市によって初めて可能になるのであり、それはまず家族からの解放を出発として、都市連合が国家から解放されることによって実現すると指摘しています。

さらに都市に流入する人びとの病理現象をくい止めるために、「家族の復権」を唱えることは、個人の自由をそのなかに埋没・抑圧してきた家族共同体に引きもどすだけで、人間の解放はできないと厳しく批判しています。「都市の空気は人を自由にする。このヨーロッパのルネッサンスに生まれたことばには、歴史があり、未来がある」(前掲書)として、都市の復権を主張しているのです。この都市の論理と自治体との関係を論ずる際、羽仁は地域社会というあいまいな用語は使用すべきでないとしているのですが、それは都市であれ、農村であれ、自治体が地域の実態であることを指摘するためでした。

近年、地方への自然体験ツアーや山村留学が、都市の病理から子どもたちを解放する試みとしてなされていますが、それが封建的な「イエ」としての家庭や、伝統的な村落共同体への回帰に終わるなら、新しい地域社会は形成されないでしょう。

都市と山村の交流は、自治体の手によって進められるべきであり、農村・地方の都市化が自治体の主権によってなされるならば、都会・中央の自治体が国家から自立することができると、羽仁は捉えていました。都市(自治体)の連合でなければならないのです。

中央が地方を利用するといった関係はすでに破綻しています。都会の脱落者を収容するのではなく、都市の成功者を地方に呼び込むことによって、地方の自立ができるのであり、中央の都市はこれとは逆に自前で問題の解決を図らなければならなくなるのです。

地方生活圏域における教育の展開

こうした議論を踏まえて、都市と農山村の交流が、教育にとってどのような役割を果たしているかをみてみましょう。

いわゆる地方の、とくに山間地の町村の自治体では、自然体験を中心に事業を展開していますが、これは一九九六（平成八）年に制定された農村余暇休暇法に依拠しています。都市住民が農山漁村に滞在し、余暇活動をすることによって、中山間地域の活性化を図る事業です。これはヨーロッパの「グリーン・ツーリズム」の日本版というべきもので、農山村が定住人口を確保できない現状のなかで、交流人口（半定住人口）を確保することにより、地域の産業を活性化させようとするものなのです。

都市生活者が農山村に滞在し、豊かな余暇を体験することがもたらす経済的効果を期待する事業は、中央と地方といった日本社会の二重構造（経済格差）を解消させる試みのひとつともいえるでしょう。

その際留意したいのは、都市の人びとを農山村に呼び込むとき、その中心が子どもと家族ということです。自然環境に恵まれない都市地域で育つ子どもたちのために、農山村で豊かな自然体験をさせることに意義があるという認識があります。本章では、こうした都市と農山村との交流を、教育事業として展開している山村留学について考察することにします。

二．山村留学の理念と実践を知る

山村留学の理念

山村留学は、①青少年に豊かな自然体験を、②農山村を活動の場として、③長期休暇中の集団活動・自然体験（短期留学）か、④現地の学校に通学（長期留学）の形で与えることで、単発的な自然体験ツアーとは異なります。山村留学は当時小学校教員だった青木孝安氏が、一九六八（昭和四三）年に任意団体「育てる会」として発足しました。その後、一九七二（昭和四七）年に財団法人、二〇一四（平成二六）年に公益財団法人となっています。育てる会は、全国各地の地方公共団体に対し、青少年の自然体験、都市と農山村の交流普及活動への支援・協力を行っています。

以下では青木理事長（現・会長）の著述と筆者との対談をもとに、都市と農山村の交流の教育的意義について、地域教育の視点に絞って明らかにしてみようと思います。

青木孝安氏は、一九六七（昭和四二）年に東京都の公立小学校の教職を辞して、この事業を創設しています。二〇〇〇（平成一二）年に新潟県松之山町（現・十日町市）の山村留学センターぶなの木山荘で、山村留学をはじめた動機と今後の課題について、一七年間の教員生活（長野県と東京都）に幕を引いた当時の心境を交えて語っていただきました。

三〇年以上前には、学校で黒板とチョークと映像で授業をしていたが、それだけで、子どもの認識が発達するかどうか、一抹の不安があった。間接体験だけでは、物事を考えていく「思考の足（葦）」は育たない。体験に基づいた思考が基礎になければ、と考えたのが事業をはじめた動機だった。今日の子どもをめぐる問題の根はそこにある。いま考えると、ちょうど学習塾が盛んになりはじめた時期に、この仕事をはじめたことに気づかされる。（中略）

この仕事は教育的な目的でスタートしたが、わかったことは過疎の問題や都市化社会の問題、青少年の混迷する今日的問題など、多方面の問題にかかわっているということだった。都市と農村という前提があったが、既成概念でこの問題を捉えてはならない。人間として、都市側の人びとの文化と、農村の人びとの自然とかかわり合う生活文化、異なった地域の人がともに語り合い、ともに生活することにより新しい視野が開けるのではないか。（中略）

混迷する今日の青少年問題を解決するためのヒントが、このなかにあると思う。ごく普通の青少年を対象に、ここの成果をどのように広めていくか。今の教育制度のなかで、すぐにこれを制度化することは非常に難しいので、既成の学校教育という概念の枠をひとまず横に寄せて教育はどうあるべきか、というところから発想し知恵をみんなで出し合うことが大切だ。（中略）

最初は子どもをターゲットにしたが、子どもに同行する親が、心洗われる想いをしたといって帰って行く。農村の人も都会の人により変わる。おたがいに新しい人生のあり方を求めているのではないか。

保護者の希望を受けた「山村留学制度」

青木氏の山村留学開始の原点は、出身地長野県松本市の近郊農村（安曇野）、八坂村

図6-1　青木孝安氏の著作と月刊誌「育てる」

（現・大町市）での、都会の子どもの自然体験教室の実践にあります。育てる会の月刊誌「育てる」（二〇一一）の回想録で、そのころの状況について語っています。山村留学を提案した当初は、「村の者は、皆、都会の方を向いている。そんななかで、こんな田舎の学校へ来たいというのは分からん」と言われたと記しています。

青木氏は、この夏休みに活動した子どもの保護者から、「山村での活動が子どもに大変よかったので、もう少し長期にわたって山村に留まる制度はできないものか」という希望が出されたことを契機にして、一年間単位の「山村留学制度」を創設します。

保護者によると、「せめて、一、二カ月ほどの滞在期間を希望する」というものであった。義務教育期間の子どもが、これだけの長期間、親元を離れて生活することになれば、当然、住民票を山村に移し、地元の学校に通わなければならない。反面、学校側の都合を考えると、一、二カ月だけの在籍では、学校運営に支障を来たすため、最低一年単位の在籍が留学条件であろうと考えた。このような条件を示して、留学参加希望を募ったところ、三七名ほどの希望者が出た。保護者が書いた参加希望理由を読むと、大意は、子どもを山村の自然のなかで生活させたいというもので、自然に触れること、農家生活や集団生活の体験、そして小規模校での学習にあこがれていることが解かった。（「育てる」第五二六号、二〇一二）

青木氏は一九六八（昭和四三）年から、七年間に、およそ数千人の子どもたちを、旧八坂村の三〇軒の農家に委託した経験をふまえて、「食事提供を主とする農家から、教育的指導を兼ね備えた農家に変貌」させるために、青少年野外活動センター（山村留学センター「八坂・美麻学園、やまなみ山荘」）を村内に建設しました。収容人員一七〇人、指導員二〇人、他にＯＢ（学園の修園生）のボランティアの体制で、一九七六（昭和五一）年から、一年単位の長期山村留学が開始されたのです。留学生は、月の前半をセンターから、後半は受け入れ農家（里親）から地元の小・中学校に通学する、これを一年間繰り返す「併用形式」の山村留学です。このような形態を生み出したのは、教育的指導を重視したからでした。なお山村留学の利用者数、参加動機については、図6-2、図6-3を参照してください。

全国各地の自治体での実施

そして長野県以外では、秋田、新潟、兵庫、島根ほか各県の市町村での実践へと広がっていきました。二〇一七年時点での育てる会の活動の拠点は、東京都武蔵野市の東京本部を中心に、長野県内には、大町市八坂・美麻学園、長野市大岡学園、売木村売木学園に、さらに兵庫県には神河町やまびこ学園、島根県には太田市三瓶こだま学園、そして高知県には大川村ふるさと留学の山村留学センターの指導まで広がっていきました。また長野県富士見町には研修施設を兼ねたすずらん山荘があり、ここで育てる会の職員も研修を行います。

これまでに育てる会は創設以来、自治体との協力を積極的に行ってきました。長野

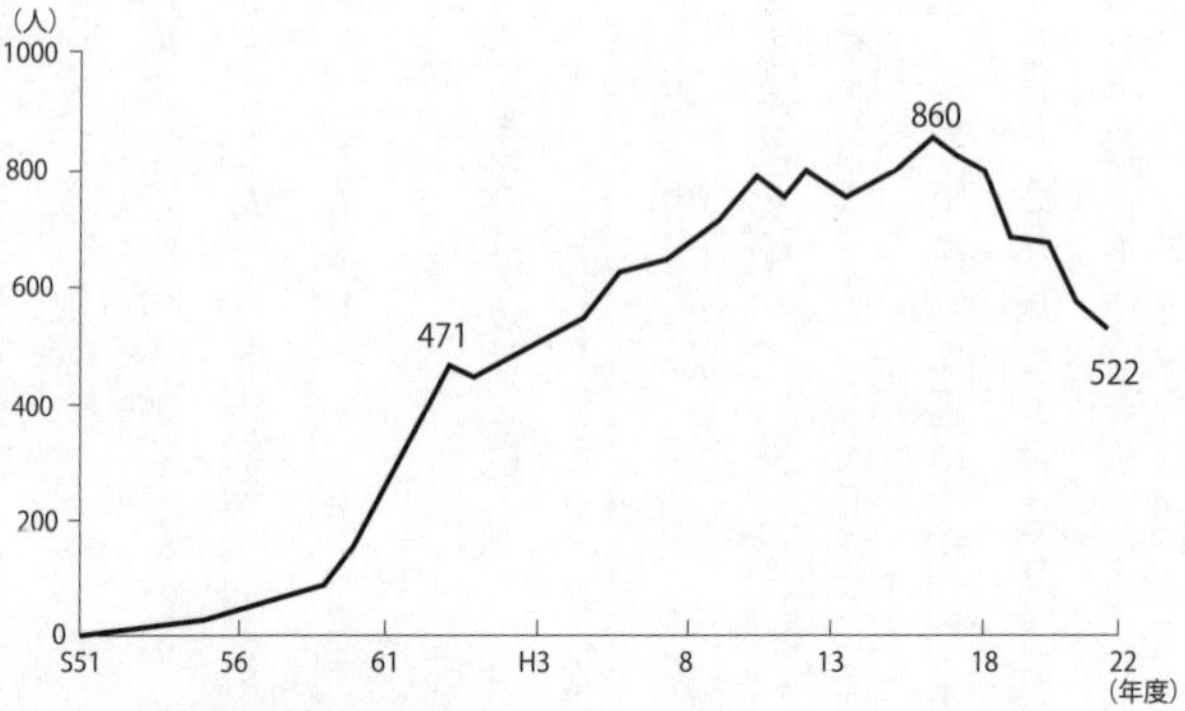

図6-2　山村留学者数の推移

（出所）「NPO法人全国山村留学協会通信 第21号」2011

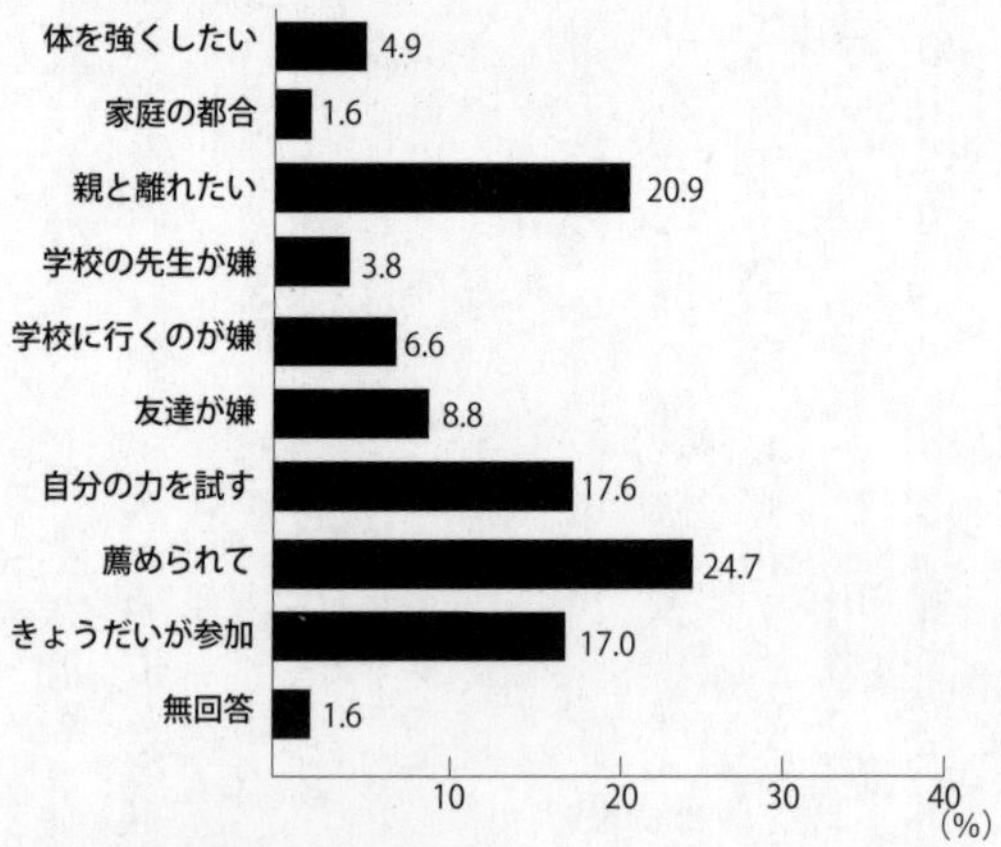

図6-3　山村留学の参加動機

（出所）育てる会「山村留学総合効果の検証」2002

県内で八坂村、美麻村、売木村、北相木村、浪合村、新潟県松之山町、愛知県富山村などの自治体と連携して山村留学の実践を行っています。

全国各地には山村留学の名を冠した個人や団体の事業もありますが、NPO法人全国山村留学協会の加盟団体（公共団体）は、一九九九（平成一一）年に四九団体だったものが、二〇一四（平成二六）年には一六団体にまで減少しています。一九八〇年代から一九九〇年代にかけて、山村留学により市町村を活性化させようとする試みが多くみられましたが、それがうまくゆかなくなったのです。

三．学校教育と社会教育をつなぐ

山村留学は人づくり

山村留学は、「日本の豊かな農山村の自然と風土を活用した、人づくり」であり、「これをはずしては、山村留学事業の存続と継続はない」といえます。山村留学事業が「人づくり」といった教育機能を中心にして、「さまざまな周辺効果を旋風のごとく巻き込み、ときには発散させながら進捗していくもの」というのが、青木理事長の認識です。育てる会は文部科学省所管の社会教育団体として、市町村の小・中学校と連携して子どもたちの教育を担うと同時に、その保護者の子育てを指導・助言する役割を担っています。この点について青木氏は「回想録」で、次のように指摘しています。

山村留学の大前提は、山村留学という教育機能ないし団体を社会教育の独立機能として明確に位置づけ、それと当該自治体の社会教育機関と密接な連帯機能を確立すること。学校教育とは、相互補完、ときには融合の視点に立って、新しい近未来的な教育機能の創設に志向すべきと考える。学校にあっては、学校教育と言う従来の「壁」を取り払い外部の「血」を広く受け入れること、また、山村留学センターの指導者は、特色ある専門領域から学校側と全面的な協力体制を構築することである。四〇年近くの留学生指導の体験から思うことがある。留学生が身につける自由で広範な体験と、そこから生まれる「課題意識」、それの解決に立ち向かう「意欲的な解決力」。そして、集団生活で身につけた「他人への思いやり」の人間性。この二つこそが、将来の日本を背負って立つ人間像の「源」と考える。山村留学では、単に都会の子どもばかりでなく、それに付随して、留学生保護者も、頻繁に当該地域に来訪する。この機会を捉えて、さまざまな交流事業が展開できる。都市農村の交流事業の推進、山村の故郷づくり運動の推進、故郷産品の頒布活動などである。これらは、しかるべき行政担当者の創意工夫に期待される。

（回想録「育てる会の歴史」二〇一一）

青木氏は私との対談のなかで、「学校教育と社会教育は補完関係」にあるとしながらも、これからはその壁を取り払うことが必要だと語っていました。これは一九九〇年代から教育行政と教育現場で、「学社連携・協力」そして「学社融合」が叫ばれてきた流れを、さらに発展させる発想だといえます。とくに教育関係者だけでなく、地域社会の活性化、街づくりを図ろうとしている自治体は、四〇年間、市町村と地域住民を巻き込んで活動してきた山村留学事業から、学ぶことは多いのではないでしょうか。

なお、図6-4と図6-5に、「地域別山村留学実施校と受け入れ数」と「居住形態別にみた参加者数」の推移を示しておきます。

新潟県の「松之山学園」の実践から学ぶ

新潟県の旧松之山町の山村留学センター松之山学園の実践から、地方自治体と育て

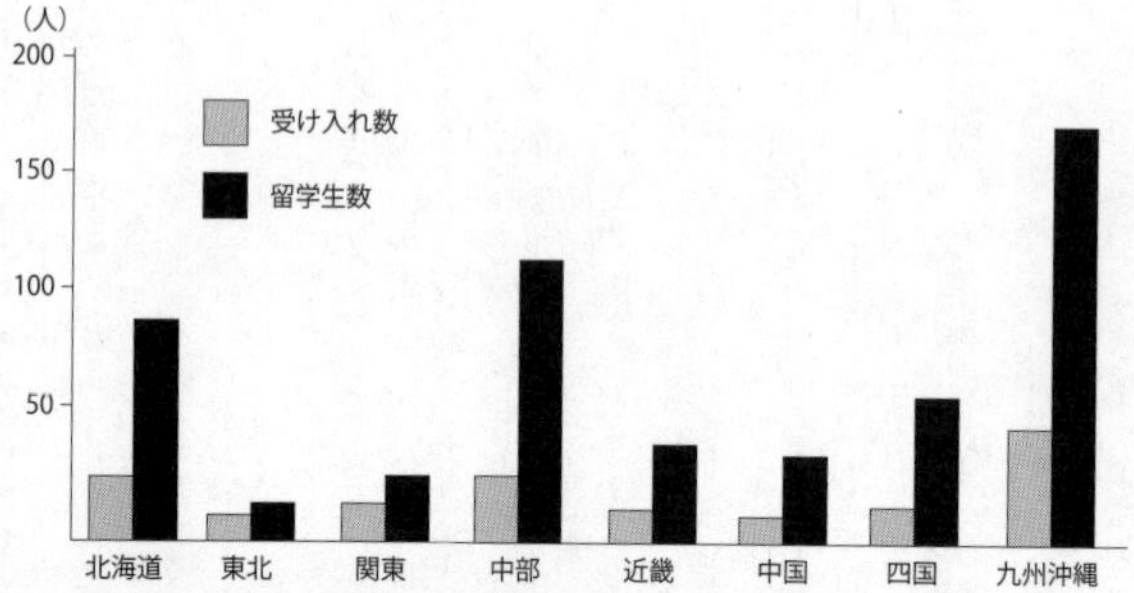

図6-4　地域別山村留学実施校と受入数

(出所) NPO法人全国山村留学協会通信　第21号」2011

年度	S58	S63	H5	H10	H15	H20	H21	H22
里親	35	156	175	240	251	180	143	149
寮	0	213	214	266	243	219	180	174
里親と寮の併用	40	82	93	95	87	105	102	89
家族	0	20	80	190	223	173	126	110
合計	75	471	562	791	804	677	551	522

図6-5　居住形態別にみた参加者数の推移

(出所) NPO法人全国山村留学協会通信　第21号」2011

る会、そして地域住民との連携による活動が、地域教育に果たす役割について具体的にみてみましょう。

現在十日町市に合併された旧松之山町は、二〇〇五（平成）年四月一日に平成の大合併で生まれました。旧松之山村二三と旧浦田村一五の計三八の集落は、小規模化していますが、現在もすべて存続しています。松之山町の場合は豪雪だけでなく一九六〇年代におきた大規模な地滑り等の、自然条件の厳しさにより、住民を町外へ脱出させることになったのですが、長い歴史をもつ集落が、現在まで維持されていることは注目に値します。

人口は減りましたが、近年は、高速道路やトンネル、第三セクターの鉄道開通といった交通通信網の整備により辺地ではなくなり、残された人びとの生活は安定してきています。しかし、実態としての過疎はなくなっているにもかかわらず、住民の意識レベルの過疎化（過疎意識）が、若者の流失を現在まで続けさせています。都会の学校や職場へ行った子どもの多くが、地元に戻ってこない状況が長く続いているのです。「過疎のイメージをいかになくすかが課題だ」と、指摘する役場職員もいます。

このようななかで、行政はとくに過疎化の激しかった旧浦田村地区から出された、山村留学生受け入れの要望を、町全体の事業とすることを決断しました。一九八七（昭和六二）年から二〇一〇（平成二二）年まで一四年間にわたり、松之山学園の実践をおこなっています。その後、平成の大合併により一時中断する形になっていますが、現在も財団法人の「育てる会」と協力して、都市と農山村の交流事業に積極的に取り組んでいます。

図6-6は、町の山村留学推進委員会の、広報用パンフレットです。「山村留学でたくましく生きる力を！」と呼びかけ、学園で学ぶ三つの体験として、①自然体験・交流教育、②地域・家庭教育、③町内の小中学校での学校教育が示されており、具体的には、山村留学センター、農家、学校での体験や学習内容が紹介されています。図6-5で示した、寮・里親との併用の形態になっています。

児童・生徒の減少と山村留学

松之山町の山村留学制度の導入は、浦田地区住民の小学校存続運動がきっかけでした。行政内部では半信半疑、というより反対が強かったのですが、地域住民の熱意により、学校と協議して受け入れを決めたとのことでした。留学生の宿泊施設の貸与、

図6-6　山村留学「松之山学園」
（出所）「新潟県松之山町山村留学推進委員会発行パンフレット」2004

人件費の補助、また教育委員会の総務学事係が兼務する形をとったのです。

開設当時の担当主事の田辺道博氏は、受け入れの経緯と今後の課題について、「複式学級の解消だけでなく、子どもが来るということは親も来る。親は地元の旅館に泊まる。子どもが住民になるので交付金などの収入になる」といった、経済効果もあるがと前置きして、現状を次のように捉えていました。

里親はみんな自分の子育ての終わった農家。仕事が忙しくて自分の子どもをかまってやれなかったので、自分の子どもにやってやれなかったことを、山留生に体験させている。

実親（山留生の親）も学校行事には必ず、しかも夫婦同伴で来る。PTAの活動や地域の奉仕活動の後の懇親会にも、積極的に参加し、お互いを理解し合うようにしていることが、うまくいっている原因ではないか。

山留は全国で一〇〇か所近くの自治体が導入しているが、やめていくところもある。松之山の場合は育てる会が、春、夏、冬の三回の短期留学を実施し、その中から子どもを受け入れている。子どもたちは松之山での体験を家にもって帰り、親を説得してから来るので、途中で挫折することがない。目的があること、それが成功の秘訣だと思う。

最初は経済的効果を考えたが、一〇年も経つと、いろいろな見方ができるようになった。いまは地域へあたえるものは多い。とかく暗くなりがちななかで、子どもを預かることは大変なことだが、これを通して、問題を地域、学校、行政が三者一体となってやるといった、その気持が、町を再生させるのではないか。視点を広げて環境問題など、過疎や豪雪の暗いイメージを捨て、都会の人は、すごく良いところだといってやって来るのだから、自然いっぱいの条件を生かして「多自然居住区」をつくりたい。

と、町の将来構想を語ってくれたのです。

山村留学体験者の感想

山村留学松之山学園の修園生二人の話の中から、「中山間地」での生活体験を、現代の日本人の生活の豊かさにつなげる可能性を探ってみたいと思います。二人は松之山学園初期の留学生で、五歳の年齢差の先輩・後輩にあたるのですが、擬似的な姉と弟にあたると言ってもいいのではないでしょうか。

愛知県出身の池田美佳氏は、学園創設期に一期生として、新潟県立安塚高校松之山分校を卒業するまで、山村留学を体験しました。

留学当時を振り返りながら、体験の最大の成果は人間関係であり、学園での仲間との共同生活での裸の付き合いや喧嘩なども、すべてが自分の勉強になったと語ってくれました。さらに里親や地域の人の心の温かさも、大切な財産になっていると指摘しています。インタビュー当時は育てる会の指導員研修生として、松之山学園で生活していました。現在は指導する立場になっているのですが、「いざ教えるとなると、やはり人間関係に苦労し疲れるが毎日が勉強と捉え、やっていて充実感がある」と答えてくれました。

東京都出身の昆野貴之氏は、当時現役の大学生でしたが、彼も小学六年から中学一年の二年間、自分で希望して留学しています。動機は自然のなかでの生活にあったのですが、池田氏と同じく人間関係がいちばんの成果だったと捉えています。「一人っ子だったので学園で、兄弟のような人ができて、とてもよかったと思いますね」と、現在も時間をみつけて先輩の手伝いに学園へやってくるとのことでした。「いっしょにやるのが楽しくて。ほかの育てる会の学園に出かけることも多く、指導の大変さはまだわかず、おいしいところだけの体験かもしれないが、自分探しをしているのかもしれません」と、学生らしい謙虚さで答えてくれました。

また昆野氏は、「将来の仕事はわからないが、ここに来ると楽しい。みなさんも来ればわかるはずです。来る機会がないから、その良さがわからないのでは。自分の親もぼくの山村留学がきっかけで、ここによく来るようになったじゃないですか」と、中山間地での生活体験が子どもとともに、親の生活のスタイルをも大きく変化させたことを、子どもの立場から強調してくれたのです。子どもの生活体験が、親の生活をも変える事例として、山村留学は単に子どもの問題ではなく、おとなにとっても、極めて貴重な実践であることを示しているのではないでしょうか。

◉第七章

移動社会で新しいつながりを創る

第一章で述べたように、現代社会は「移動社会」です。移動社会とは、社会を構成する諸要素、たとえば人・モノ・金・情報などの社会的資源の流動性が極めて高い社会のことを言います。当然、若者も例外ではありません。一九六〇年代の高度経済成長期には、地方の学校を卒業した多くの人びとが、就職・進学のために郷土を離れ、大都市地域に流入していきました。

そのようななかで、新たな居住地における地域コミュニティの形成は非常に重要です。コミュニティが形成できるかどうかは、地域教育の在り方に密接に関わっています。たとえば、地元に、あるいは移住地に定住するうえで、学校の卒業生によって組織される同窓会や、同郷の出身者の県人会や郷友会などの役割は無視できません。そこで本章では、移住地における同郷者の組織の役割について、生涯学習の視点から明らかにします。そして同郷者のつながりがなぜ必要になるのかを考えるためにも、まず移動社会において、若者が住み慣れた故郷を離れて生活している実態を明らかにし、次に、そうした若者が、どのように進路を選んでいるのかについて見てみましょう。

一．人口の地域分布変動

社会的移動と個人の属性

社会的資源の移動は単なる物の移動ではなく、人とのかかわりのなかで、つまり社会的な条件をともなって生じています。一般にこれを社会的移動（social mobility）と呼びます。そして社会的移動は、人の空間的・地理的な移動だけでなく、その人の職、階層、学歴、社会的地位等の社会的属性の変化も伴います。したがって、移動社会とは、個人の社会的属性の変化が、活発に行われる社会と定義することもできます。

このような変化が急速におこるのは、社会が急激に変動するときです。日本のように短期間に産業構造が変わると、それに伴って産業間の就業人口の移動、個人からみれば職業・職種間の移動がおきることになります。さらに日本の場合は、産業の高度化が太平洋ベルト地帯の大都市地域を中心になされたため、きわめて短い期間に地方から中央へと大量の人口の移動がおこったのでした。

また、子どもの生活の場としての地域社会である居住地の移動は、子どもの成長発達、人間形成のうえでどのような意味をもつかが問われることになってきています。移動先の学校や職場への適応をめぐる問題は多いのではないでしょうか。家族員の職業移動や経済的水準の上昇なども大切ですが、子どもにとって居住地の移動は、それが本人の意思によるのではなく、おとなの判断によるだけにとくに重要なのです。そこで次に人口の地域間移動の特徴についてみておきたいと思います。

人口の地域間移動

総務庁（現・総務省）の「住民基本台帳人口移動報告」によると、日本全体の市区町村間の移動率は、一九五六（昭和三一）年に五・四三％であったものが、高度経済成長期に急速に上昇し、一九七〇（昭和四五）年にはそれまでの最高の八・〇二％となっています。図7-1に示すように、その後この割合は低下傾向をみせています。一九八六（昭和六一）年まで一貫して減少した後、しばらく横這いと低下を続けたのですが、一九九二（平成四）年に過去四〇年間の最低値の五・一七％を示しています。全国の市町村間の移動者

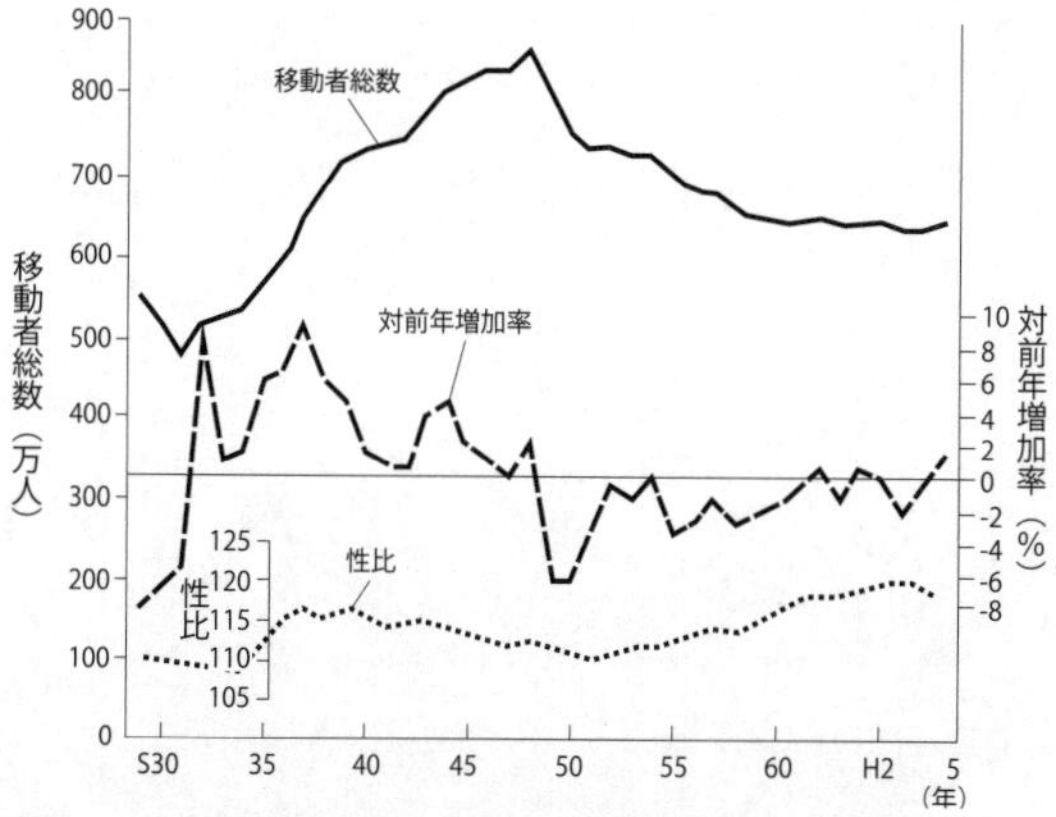

図7-1　市区町村間の移動者総数と対前年増加率の推移

の総数は一九七三（昭和四八）年に過去最高の八五三万九〇〇〇人を示していたものが、一九九三（平成五）年では六五〇万三〇〇〇人に減少しています。なお、図中の性比とは、女性を一〇〇としたときの男性の割合を示しています。変動がありますが各年次とも男性の方が、一貫して移動者数が多いのがわかります。

図7-2は一九五五（昭和三〇）年以降、東京、名古屋、大阪の三大都市圏への転入超過数の推移を示しています。一九九四（平成六）年七月、総務庁は月間の移動状況調査をもとに、一九五四（昭和二九）年の調査開始以来、東京圏（東京都、神奈川県、埼玉県、千葉県）の人口において、転出者が転入者を初めて上回ったと発表しま

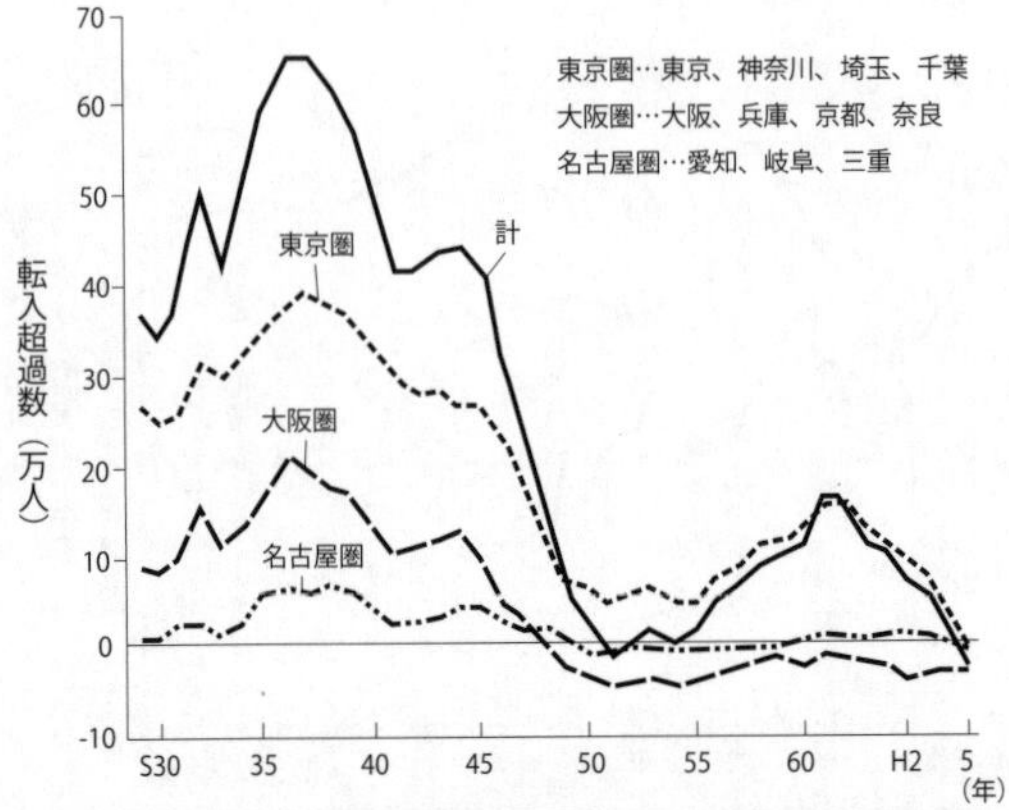

図7-2　東京圏・名古屋圏・大阪都市圏の転入超過率の推移

した。これを受けて新聞各紙は、この転出超過を「一極集中に歯止めの兆候」、「地方への分散化進む」といった形で大々的に取り上げ、その理由として、地価の高騰や不況による求人減がひびいたと説明していたのです。

しかし図7－2でみたように、一九六〇年代から八〇年代にかけての転入超過数に比べれば、大都市圏域への人口の流入は、すでに歯止めがかかっていました。

重要なことはこの間、大都市圏域内、つまり東京都周辺地域への移動が盛んになっていたことです。東京はすでに一九六七（昭和四二）年以降、転出超過に転じており、首都圏の増大分を周辺の三つの県が吸収していました。転出入の超過の差を数値で表すと、埼玉県が〇・五八％で最も高く、次いで滋賀県、奈良県、千葉県、茨城県などの大都市周辺が高くなっています。ちなみに東京からの転出者二六万七〇〇〇人の移動後の住所地は、埼玉県二〇・二％、神奈川県一九・七％、千葉県一四・〇％、茨城県三・三％、北海道三・〇％の順になっています。

また逆に、周辺県の転出者の東京都への転入割合は、埼玉県三一・七％、神奈川県二九・三％、千葉県二八・二％と、それぞれ第一位を占めています。このことから東京都からの転出だけでなく、大都市圏域内での人口の流動性が非常に高いことがわかります。

それでは次に、こうした移動社会への転換が、学生の進路選択とどのように関わっているのかを見ていきましょう。

二．人材の移動と職能形成の過程

進路の概念

進路とは、成人社会のなかで果たすべき役割への道筋と捉えることが出来ます。そして、どの役割を選択するかを決定するのが、青年期ではないでしょうか。一人前の人間として、社会の構成員になることを「社会に出る」というように、子どもが成長し人間社会の維持・発展の担い手となると、彼らはおとなと呼ばれます。

「社会に出る」ための能力、つまり自分の進路を主体的に選択できるだけの能力を形成することを、教育社会学の領域では「職業的社会化」と呼んでいます。この道筋は役割の分業のあり方に規定されており、社会の発展段階によりさまざまな形態をとるのです。

では、役割分業とはどのようなものでしょうか。これを知るためには縦断的（時間的・歴史的）な次元と、横断的（空間的・地理的）な次元の両面から、アプローチすることが大切です。

まず縦断的には、原始社会から現代社会まで、社会が高度化するにつれて、社会的役割の内容と分業の形態は多様化・細分化してきました。これは社会の基本的仕組でみれば、農業を土台とする社会から、工業・商業そして情報を基幹産業とする社会への変化として捉えられます。

次に横断的には、社会人としての役割はひとつではないということが言えます。生活の具体的場面としての家庭や職場、あるいは地域社会のなかで、人びとは複数の成人としての役割を担うことになります。したがってそれぞれの場面ごとに、社会化されるべき課題を検討することが必要になるのです。

進路選択と教育の関わり

こうした役割を認識し選択すること、つまり進路選択に、教育はどのように関わっているでしょうか。E・デュルケームは、教育の定義に際して「方法的社会化」の概念を用いていますが、その説明のなかに基本的な二つの役割が示されています。重要な点なので、この部分を清水義弘訳でみておきましょう。

教育とは、成人世代によって、社会生活に未熟な世代のうえにおこなわれる作用である。教育の目的は、子どもが入るべく運命づけられている全体としての政治的社会や、特殊的環境が要求しているところの一定数の身体的、知的、道徳的状態を、子どもに植えつけ、かつこれを発達させることである。一言にしていうならば、教育とは、若い世代の『方法的社会化』である。

（清水義弘『教育社会学』一九五六）

この政治的社会とは、国家を指していると考えていいと思います。日本、アメリカ、中国など、政治体制を異にする社会の構成員、つまり国民としての資質の育成が教育の課題となるのです。また特殊的環境とは、一人ひとりの子どもたちの具体的な生活環境のことです。親の職業、収入、家族構成、地域環境に合った振る舞いができるように、子どもたちは教育されます。

封建社会のように身分・階層が固定された社会では、子どもは親と同じ職業につき、また生まれ育った地域を離れることはまれでした。ですから教育の内容も画一的であったと考えられます。しかし現在は、個人の置かれる状況が異なるため、教育の内容も異なります。すると教育によって、社会化できる課題というものも異なってきます。

結果としてどのような環境にいるかによって、進路選択の形態が異なってくるというわけです。環境と、環境に適応するように行われる教育が、かれらの将来を規定していくということです。

もちろん現代社会では、このような封建的な束縛から解放された個人が、それぞれの能力と特性に応じて教育を受け、希望の職業に就くことが社会的に保障されていることはいうまでもありません。しかしこれはあくまでも、制度的な側面であり、実際はそうなっていないとも言えます。

移動社会と進路選択

では、前述したような移動社会において、中学校、高等学校そして大学などの新規学卒者たちは、どのような進路を辿るのでしょうか。学校教育を土台として、どのような過程を経て社会人としての能力を形成しているのでしょうか。ここで、日本が移動社会へと移行するにつれて、若者の進路選択がどう変化したのか、見ていきましょう。

一九六〇年代の高度経済成長期を境とし、義務教育終了後さらに上級学校へ進学する人が増えました。中学校卒業が当たり前の時代から、高校進学が普通とみなされる時代が到来したのです。それまで常に上位にあった男子の進学率を、女子のそれが追い抜いたのは、一九六九（昭和四四）年のことでした。産業構造の急激な転換と国民総生産（GNP）の急増を背景として、全国各地で高等学校の増設・拡充が行われたのでした。

進学希望者と収容定員のアンバランスは、戦後の第一次ベビーブーム世代が進学するときに頂点に達します。社会構造の変動と人口動態が複雑にからみ合うなかで、高校進学が社会問題化していきました。当時の状況については、学校数の増加だけでなく、設置主体（公・私立）、学科構成、さらに通学区制度などの側面から検討を行わなければなりません。

学校制度の改革について、国の教育政策の指針は、一九七一（昭和四六）年の中央教育審議会答申『教育改革のための基本的施策――今後における学校教育の総合的な拡充整備のための基本的施策について――』に端的に示されています。これは一般に教育界で「四六答申」とされるもので、教育体系の総合的な再検討を求め、六・三・三の現行制度の見直しを求めたため「第三の教育改革」と呼ばれたのです。

一方、国民主体の教育運動に関しては、高校全入運動が大都市部を中心に展開されました。また過激な受験戦争を排除し、義務教育に準ずる形での高校教育の拡充を要求する活動も起こります。「一五の春を泣かせるな」の合言葉を使用して、京都府でなされた小学区制を守る運動などは、量的な拡大だけでなく、質的な面で均質な高校教育を保障させることを意図していました。戦後の教育改革のなかで理念とされた高校三原則（男女共学・総合制・小学区制）を、再度この時期に確立することを狙った教育運動でした。

この段階で中学校卒業時点での進路選択は、就職か進学かの二者択一のパターンから、どの学校へ進学するか、つまり学校選択中心のパターンに変化し、進路指導も進学指導と同義に用いられるようになっていきます。「一五の春」の意味も本来の運動の趣旨とは全く異なった形に変質し、高校受験に失敗しないよう確実に合格できる指導が、かれらを泣かせないことになるといった意味で用いられるようになりました。確実な合格を目指す受験体制は、偏差値に基づく進学指導を生み、その結果、学校の難易度による序列化、つまり学校階層が形成されるようになりました。

進学指導とは、偏差値と子どもの適性をもとに、どの学校がふさわしいか決めていくことでした。したがって、指導は子どもに対してだけでなく、保護者にもなされます。三者面談が行われ、そこで合意された学校が、確実に合格できる学校であり、子どもたちが取るべき進路であるとされてきたのです。

学校で行われるテストにも変化がありました。業者テストが一般に普及した一九七〇(昭和四五)年ころから、学生たちは学力テストを通じて、自分と同じ学力の者がどのくらいいるかわかるようになりました。自分の位置と受験する学校の偏差値とを比べて、合格の可能性を判断できるようになったのです。同一の学校受験生が共通テストで位置付け（尺度化）されることにより、より進学校の確実性を増すことになります。こうした状況は、まるで丸太をきれいに切ったときのように、成績によって子どもたちが区割りされることから、学生の「輪切り」と呼ばれました。

なお、共通テストには教育委員会や教員の研究団体など公共機関の実施するものと、民間の会社（教育産業）の行う業者テストがあります。業者テストは有料であり、費用は保護者の負担となります。各種調査に示されるように、家計費に占める子どもの教育費の割合は増大し、各家庭の負担感が社会問題化している点にも留意しなければなりません。

これまでみてきたように、高学歴化の現象が急激に進んだのは、一九六〇年代の高度経済成長期以降で、高等学校進学率の上昇は、さらに大学を中心とした後期中等教育後の教育機関への進学者の増大をもたらしたのです。義務教育の終了とともに、職業に就くのがあたりまえであった時代から、より高い学歴を取得してから職業に就く時代へと大きく変化してきたとみることができるのです。

高卒県外就職者の動向

こうして高校卒業が当たり前になった時代に、高卒の人びとはどういった進路についていたのでしょうか。一九九八（平成一〇）年の全国の高卒就職者は約三三万人で、全卒業者に占める割合は二二・七％でした。そのうち四分の一が県外に就職しています。しかしこれはあくまでも平均値であり、都道府県によって比率が大きく異なっています。北海道・宮城・東京・愛知・大阪・広島・福岡などの各地方の中核都市をもつ県では、県外就職率が低く、その周辺の県で高くなっているのです。県外就職者の最も多い鹿児島県では、男子の五四％、女子の三六％が県外に就職しています。以前に比べて縮まったとはいえ、地域による差がとても大きいのです。

大都市圏域の埼玉県や千葉県でも、県外就職が多くなっていますが、これは雇用機会が隣接する東京都に多いためです。しかし県外就職といっても、地方の県外就職者のように居住地を移動させることなく、通勤の形で就職できる可能性があります。このように就職の機会は、都道府県間の労働力の需給バランスによって規定されています。

このことから、学生は自分の就きたい仕事を求めて、居住地を移動し県外就職をしている、と捉えることができます。

しかし同時に地方では、雇用の場が大都市に比べ相対的に少ないとはいえ、近年は求人数が増えてきており、むしろ新規学卒者の不足に悩む地域も出てきています。こうしたこともあり、近年の県外就職率をみると、全体として各県ともに県外就職者が減少し、また男女差も縮まってきています。

新規学卒者の就職状況

次に職種と学歴の関係を考えてみたいと思います。

新規学卒者の就職状況を文部科学省「学校基本調査」によって示したのが表7-1です。一九五五（昭和三〇）年から二〇〇三（平成一五）年までの変化をおおよそ五年ごとにみたものです。

まず先ほどもみたように一九五五（昭和三〇）年についてみると、就職者は中卒七〇万人、高卒三四万人、大卒七万人で、中卒者が圧倒的に多くなっています。

次に学歴によって、職種が大きく異なることがわかります。中卒者のおよそ三分の二は、第一次産業の農林漁業と、第二次産業の技能工・生産工程の職種に就いていています。高卒者は、第三次産業の事務が多くなっていますが、全領域に分散しているのが特徴的です。大卒者は、第三次産業の専門的・技術的職業が半数を占め、次いで事務が三六%で、これ以外の職種は少なくなっています。

さらに職種だけでなく、従事する産業にも学歴による差が表れているのです。農林漁業、工業の技能労働者(工員)の圧倒的多くが、中卒者で占められている点に注目する必要があります。

一九六〇(昭和三五)年になると、様相は一変しています。農林漁業が急減し、中卒者の多くは技能労働者として工場に大量に就職しています。日本の高度成長を支える第二次産業部門は、中卒者によって占められるようになったのです。高卒者でも、中卒者ほどではありませんが、この傾向が認められます。

この時期に、労働力市場における需給のバランスが、最も典型的な形で現象化したのが、集団就職でした。これは、繊維・機械・鉄鋼など製造業を中心とした企業群が、若年労働力(中卒者)の求人を労働省(現・厚生労働省)の指導のもとに、全国的な規模で展開させたもので、集団就職というよりもむしろ「集団求人」と定義されるものでした。毎年三月になると、集団求人に応じて、全国各地から大都市へ向けて、集団就職の列車や船が走ったのを記憶されている方も少なくないでしょう。

		就業者数（人）	農業漁業	技能工・生産工程	事務	販売	サービス	専門技術	その他
昭和30	中	698,007	31.8	34.7	2.3	11.5	9.3	0.7	9.6
	高	340,529	17.7	14.4	33.5	15.2	3.7	5.9	9.6
	大	70,015	0.6	2.3	36.4	4.2	1.2	49.5	5.8
昭和35	中	683,697	13.8	59.3	2.1	9.3	9.1	6.4	
	高	572,502	7.8	21.7	39.1	17.0	3.9	4.2	6.3
	大	99,706	0.5	0.8	39.9	9.5	1.6	42.8	4.9
昭和40	中	624,731	7.3	63.9	1.8	7.0	10.2	9.8	
	高	700,261	3.3	23.3	40.7	16.4	3.3	3.4	9.6
	大	135,419	0.2	0.2	33.9	14.9	1.9	43.6	5.3
昭和45	中	271,266	5.1	69.8	1.2	4.6	10.3	9.0	
	高	816,716	3.7	31.3	34.2	17.0	4.1	2.7	7.0
	大	188,288	0.1	0.3	31.4	23.2	1.6	40.2	3.2
昭和50	中	93,984	3.7	66.3	1.3	5.5	17.6	5.6	
	高	591,437	2.3	27.6	39.1	15.3	5.5	3.5	6.7
	大	232,683	0.2	0.9	35.6	19.1	1.3	39.1	3.8
昭和55	高	599,693	1.7	28.8	34.1	17.8	7.6	3.4	6.6
	大	285,129	0.3	0.4	33.7	21.4	1.2	40.1	2.9
昭和60	高	563,912	0.3	36.7	27.6	16.5	9.9	2.9	5.5
	大	288,343	0.2	0.3	33.3	21.0	1.2	41.8	2.4
平成2	高	622,330	0.5	34.0	28.1	17.0	11.3	4.0	5.1
	大	324,164	0.1	0.1	37.6	18.4	1.4	40.5	1.9
平成5	高	534,857	0.5	33.8	25.9	16.4	12.7	4.2	6.6
	大	339,901	0.1	0.1	40.0	18.8	1.7	37.1	2.1
平成10	高	327,672	0.6	43.4	15.5	13.5	15.6	4.6	6.7
	大	347,562	0.1	0.2	38.4	22.5	3.6	31.0	4.3
平成15	高	212,863	0.9	39.0	12.5	13.3	20.4	4.6	9.0
	大	299,987	0.2	0.4	33.3	23.6	4.9	32.9	4.9
平成20	高	206,588	就職者の産業別区別が変更され分類不能						
	大	376,958							

（注）職種は日本標準職業分類による。昭和30年、35年は分類方法が変わっているが、現行のものに組み直した。単位は%。

表7-1　新規学卒者の職業構成の推移（出所）文部科学省「学校基本調査」

しかし表7‐1に示したように、昭和四〇年代に入り、中卒就職者は急激に減少し、一九七五（昭和五〇）年には一〇万人を割っています。一九七七（昭和五二）年の「文部科学省学校基本調査報告書」から、中卒者の職業別就職者数がはずされたことにもみられるように、このような絶対数の減少は、労働力市場での中卒学歴のもつ意味を、少なくとも量的には失わせることになったのです。

中卒者については、金の卵ともてはやされた時期もありましたが、これは中卒の学歴を、社会的地位として高く捉えたのではなく、あくまでも安価な、しかも大量に確保できる労働力商品とみなしたうえで、高く評価した点に留意する必要があります。

大卒者に変動がみられるのも、昭和四〇年代に入ってからでした。専門・技術の仕事が減少し、販売の仕事が増大しはじめたのです。それまでこの部門は高卒者が中心を占めていました。このように高度経済成長期の前と後とでは、学歴と職業の関係は、量的にも質的にも大きく変化しています。

ここまで見て来たような学歴別の職業構成の変化は、一般に、高卒者のブルーカラー化、大卒者のグレーカラー化と呼ばれるものです。これは、主には日本社会の産業構造の急激な転換と、それにともなう職業構成の変化に起因しています。しかし同時に、各学歴段階卒業時の就職者数の変化、つまり中卒者の激減、高卒者の激増そして大卒の急増といった、教育人口の動態変化という側面からも捉えられるべきものだったのです。

次に、学歴の需給バランスという観点から、大卒者の職業についてみると、過去四〇年間に学歴と就職先との関係は大きく変化してきています。しかもそれは県外就職者を減らす形で展開してきたのです。「どのような仕事に就くか」といったことと、「どこで生活するか」といった二つの選択を対立的にではなく、同時にできる可能性が生まれてきているということができます。大学所在地の地域分布が偏っているために、就学・進学にともなう地域間移動は依然として続いているのですが、職業選択と定住地との関係が、一体化してきているのではないでしょうか。

三. 同窓会の役割

移住と定住――沖縄県の事例――

それでは、地域間の移動は個人の生活にとって、どのような意味をもつのでしょうか。ここでは日本列島最南端の沖縄県八重山郡の竹富町の事例をもとに、人間の成長・

発達の段階と移動形態について、具体的に考察したいと思います。

これを調べるためにも、義務教育終了後の個人のライフコースに沿って、具体的な形態と内容について明らかにしなければなりません。ここでは出身地と移住地の移動を、職業能力と学卒後の進路との関係について、具体的な事例を通して検討してみましょう。

竹富島は、沖縄県八重山郡竹富町を構成する有人島のひとつです（図7-3）。竹富島は沖縄本島から約四〇〇キロメートル、八重山諸島の石垣島から高速フェリーでおよそ一〇分、隆起サンゴ礁でできた、周囲九・二キロメートル、面積五・四平方キロメートルの小さな島です。近年は人口が増加していますが、世帯数約一三〇、人口三〇〇人余が三つの集落に分かれて生活しています（図7-4）。石灰岩の石垣に囲まれた赤瓦の家並み、福木が繁る集落の景観は素晴

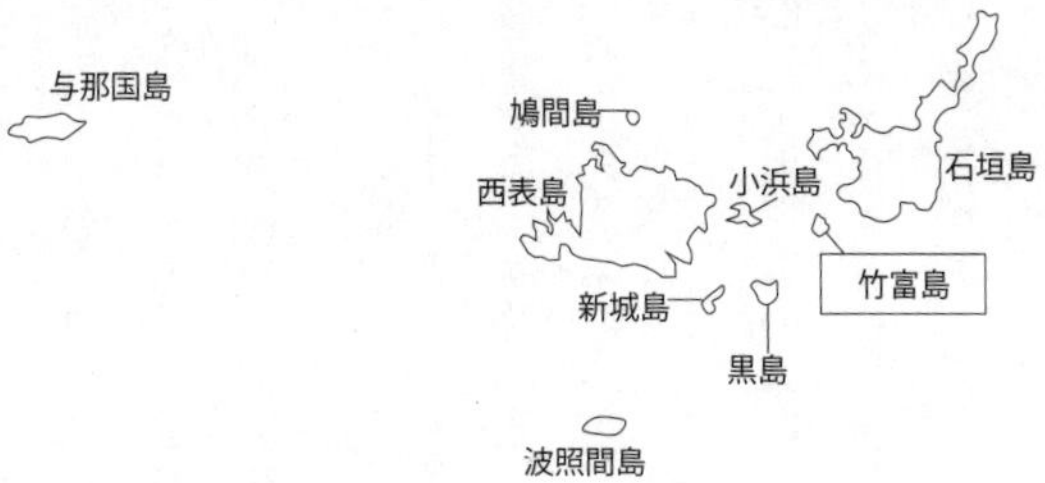

図7-3　沖縄県八重山諸島

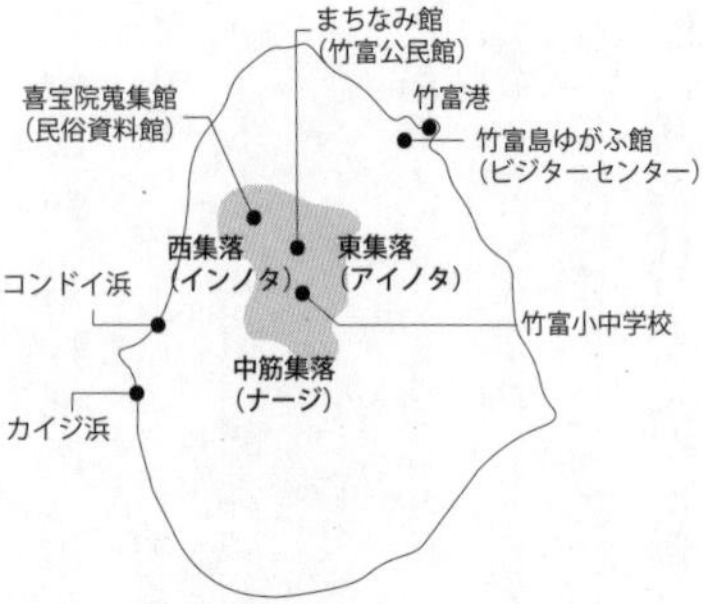

図7-4　竹富島の集落

らしく、ミンサー織りなどの工芸品も多く、島全体が国立公園に指定（一九七二年）されています。多くの舞踏・狂言・歌謡などの芸能や、民芸・史跡によって、観光の島として知られています。とくに国の重要無形文化財「種子取祭」では、約八〇点もの芸能が奉納されています。

それではこの島の出身者の生活史をたどってみましょう。事例としたのは、竹富小・中学校の昭和二八年度卒業生（一九三七〜一九三八年生れ）の組織、四竹会です。

一九三七（昭和一二）年、丑年生まれの第四期生の小学校入学時（一九四四年）の人数は五五人でした（戦争中のため入学の学校は異なります）。出生地は表7-2に示すように、台湾と南洋諸島が三八％を占めており、第二次世界大戦時下の社会情勢を反映しています。一九五三（昭和二八）年の中学校卒業時の人数は男二二人、女二〇人、計四二人です。中卒時の進路は高等学校進学が二一名、就職及び家事手伝いが二一名でした。高校の内訳は石垣島（市）の八重山高校一〇人、八重山農林高校八名、沖縄本島の首里高校と沖縄工業高校各一名となっていました。

島に残って家業や農業を継ぐ者は少なく、進学者を含めこの時期に島外に出た卒業生の多くは、移住地で同期生の交流を長年にわたり深めています。また島の出身者で組織する「竹富郷友会」が、石垣、沖縄（本島）、東京（本土）など各地にあり、毎年開かれる総会・行事を通して、郷土の先輩・後輩たちとのつながりを強めているのです。

出生地 （小学校入学時 55 人）	
竹富島	34 人
台湾	16 人
南洋諸島	5 人

現住地 （昭和 62 年現在 52 人）	
竹富島	34 人
石垣島	16 人
沖縄本島	5 人
本土	15 人
米国	1 人

表7-2　竹富小・中学校第四期生（昭和28年卒業）の動向（昭和28〜62年）

とくにその年の干支が、自分の生まれ年の干支と同じである島の出身者は、伝統行事「種子取祭」の主賓席に招かれる慣習があり、丑年の一二年ごとに郷里に帰省し同期会を開いています。

そして小中学校の九年間――転出入もありその期間は異なりますが――共に過ごした仲間五五人の消息を丹念に調べ、一九八七（昭和六二）年、四九歳の生まれ歳（丑年）に、記念誌「牛歩の如く――四十九の生まれ年を記念して――」を刊行しました。年表「同期生の歩み」には、五二名の出生地と現住所、そして「生活史」が記載されています。島の在住者五人、沖縄本島二二人、石垣島九人、県外・国外一六人、同期生の職歴、家族構成、居住歴などをこれだけ詳細に記した記念誌は珍しいものです。移住・定住を繰り返しながらも厳しい社会情勢の中を、この島の出身者・同期生が強い絆で結ばれることにより、生き抜いてきたその証をこの同窓会誌にみることができるのです。

同窓会と郷友会の役割

全国規模で展開した地域開発政策により産業構造が大きく変動するなかで、定住者・移住者の出身地（郷土）の組織の「同郷会」と「同窓会」の果たす役割について考察します。

とくに義務教育の小中学校の所在地と移住地とをつなぐ役割を果たすのが同郷人の組織です。歴史的には郷友会の呼称が用いられてきました。〇〇県人会、〇〇町人会など地方自治体の名称を冠した会も各地にありますが、これらの組織が地域教育に果たす役割は大きいものです。

また同じ郷土でも、小中学校と義務教育後の学校では、同窓会の果たす役割が異なります。前者は郷土定住者にとって、後者は移住者にとって、その人的ネットワークが重要な役割を果たすのです。同窓会の活動が、地域コミュニティの生活とどのような形で結び付いているか、各地の事例を中心に分析を加えたいと思います。

同窓会「四竹会」の幹事、阿佐伊孫良氏は、八重山高校を卒業後、しばらく波照間島で臨時教員をしています。その後東京で公務員として三〇余年の生活を送っています。上京時から将来は島に戻る決意をしていた彼は、定年と三人の子どもの成長・自立を見届けてから、一九九八（平成一〇）年に同郷の配偶者とUターンするのです。そして島外での長年の生活体験を生かし、島の公民館長、老人クラブの事務局長など地域のリーダーとして奮闘しています。竹富公民館長として沖縄本島「沖縄竹富郷友会」の創立五〇周年記念式典で、「竹富の文化の花を咲かそう」と題して郷友会の精神について次のように語っています。

郷友会は、会員相互の親睦と連携の二本柱で成り立つとして、「郷土との連帯を忘れた親睦は、羅針盤を失った船のごとく漂流して意味をなしません」、また「郷土だけ強調すると、まとまりを失う。郷友会は異郷における精神的な共同体である。同郷でも心で結ばれなければならない」と強調しているのです。そして「この心を（うつぐみの精神）を分かってくれる人は、竹富出身でなくとも参加してくれる」といった形で、親の移住地で生まれ育った次の世代の人びとを巻き込んだ活動が大切だと指摘しています（「沖縄竹富郷友会創立五〇周年記念誌」二〇〇〇）。この「うつぐみの精神」とは、「かしくさやうつぐみどまさる」のことで、「一致協力することがなによりも大切である」といった言葉は、竹富の人びとの生活に具体的な形で生きています。

また同期生の大山裕達氏は、竹富小学校創立一〇〇周年記念式典（一九九二）での、東京竹富会会長としての挨拶のなかで、次のように語っています。「竹富島が先月、日本ペンクラブより『旅の街三〇』の上位に選ばれましたが、旅人の心が休まる町、心のせんたくが出来るまち、渇いた砂漠の中のオアシスの様な街なわけですから、これは、子どもの教育にもこれ以上の場所はないと思っています」（「創立百周年記念誌――うつぐみ」一九九三）。

大山氏は那覇市の沖縄工業高校に進学、さらに神奈川県須賀市の「米軍基地」で働きながら大学を卒業後、自営業として自立しています。そして二七歳の時に分家の次男だった彼に、郷里の大山本家の継承者（養子）として、白羽の矢が立ち、本家の跡取りに指名されたのでした。神奈川県湘南の地に家を建て、定住する予定だったのですが、子育てを終え事業に一区切りをつけたのち、鎌倉市出身の配偶者とともに二〇〇四（平成一六）年にUターン（配偶者にとってはIターン）しているのです。阿佐伊氏と同じく「竹富島まちなみ保存調整委員会」の会長など、「自治組織としての公民館」の様々な活動などで、重要な役割を担っています。

中学校卒業後、進学せず親の家業を継いだ友利国男氏は、島に初めて発電機や自動車を導入しています。また島を出た同期生の留守宅の管理なども引き受けるなど、島の発展に重用な役割を担ってきました。現在はご子息たちと、観光客用のマイクロバスやレンタル自転車の経営をしていました。

次ページの写真は、二〇一〇（平成二二）年度開設科目（大学院）の放送教材収録時のインタビュー風景です。上記の三氏のうち阿佐伊さんと大山さんは定年後に島に戻っているのですが、このようにUターン者が郷里で活躍できるのは、同窓会・同期会、郷友会といった、地域コミュニティのつながりが、長年にわたり継続してきたからに他なりません。友利さんは中学時代の友人が島に戻ってきてくれることを、大変心強いと語ってくれましたが、島外に出た同期生たちを、いつでも受け入れてくれる風土はとても大切なことなのではないでしょうか。

写真　右から大山祐達、阿佐伊孫良、友利国男の三氏と筆者

竹富町には「教育の森構想」があり、その基本理念は「一年先を考えるなら米をつくる。十年先を考えるなら木を植える。百年先を考えるなら人を育てる」です。教育委員会の黒島精耕教育長（二〇〇四年当時）は、人を木にたとえ、百年先を見通して人材の養成を図ろうとしているのですが、そのときに重要な役割を果たすのが郷友会だと話してくださいました。

竹富町の役場も教育委員会も石垣市の港の近くにあります。有人島の七つの島つまり町内には高等学校がないため、中学校卒業後は高校進学のために島を出なければならないのです。そして石垣島や沖縄本島などの各地で、先輩・島の出身者たちが「激励会・歓迎会」を開いて後輩たちを迎えてくれるのです。郷友会主催の運動会などでも、若者の出し物を数多く用意し、ふるさととのつながりを常に意識化させているのです。竹富町内の各小・中学校でも、郷土の芸能や獅子舞などを取り入れ、後継者の育成に力を入れているのですが、これは子どもたちが町外に出た際に、先輩たちとの交流に大いに役立つとのことでした。このような郷土の文化については、第八章の「地域文化を知らない子どもたち」を参照してください。

◉第八章

地域文化を知らない子どもたち

本章では、文化の基本的な概念を押さえたうえで、文学や地場産業などの具体的な事例を手懸かりに、地域文化と地域教育の関係を明らかにしたいと思います。そのために、まず文化の基本概念と社会規範の基本的な枠組みを示します。そのうえで、北海道の中央部の旭川圏域の事例を取り上げ、地域文化の創造と継承が地域教育にとってどのような役割を果たしているのかについて検討します。

一. 文化と社会規範を知る

文化とは何か

現代日本は、人口の流動性が高い移動社会です。人口の移動は個人の職業や学歴、そして家族をとりまくさまざまな社会的な要因によって引き起こされ、人びとの生活の場としての地域文化に大きな変化をもたらします。地域が居住区としてだけではなく、地域社会としての機能を維持していくためには地域文化が必要です。そして地域文化の継承だけではなく、新たな文化の創造がどのように行われ、またそれが教育、ひいては人びとの生活とどのように結び付いているかを捉えることが大切です。

まずは文化とは何かをおさえたうえで、つぎに地域文化と教育の関係を、全体社会の文化（上位文化＝国の文化）と部分社会の文化（下位文化＝地域の文化）に分けて捉えてみたいと思います。文化と対照的なものに自然がありますが、文化が人為的なものであるのに対し、自然は人間の手の加わらないもの、あるいは非人間的なものという意味に用いられるのが一般的です。つまり、文化は人間が創造するもの、というところに第一の特徴があります。図8－1と図8－2は文化の働き（機能）と、その仕組み（構造）を示したものです。

文化の種類はさまざまですが、生活様式として、集団の構成員の欲求を充足させると同時に、集団（社会）を統合させる機能を有する点に特徴があるのです。内面的な生活様式のなかには、価値・態度・信念・道徳など、精神的なものが含まれており、その共有が社会を持続させるための条件となる点が重要です。

人々の行動や思考を規制する基準 → 社会的規範

- 法律など制度的に明示されたものと人々の中に内面化されたもの（道徳的価値）
- 拘束的・制限的役割と同時に人々の欲求を充足させる働き

図8-1　文化の機能

図8-2は、文化の仕組み（＝構造）を示したものです。文化の範囲にも大小、さまざまなものがあります。たとえば日本やイタリア、といった国ごとの文化、またヨーロッパ、アジアといった、より大きな地域共通の文化もあるでしょう。こうした文化を「上位文化」と呼んでいます。反対に、日本という国の中にも無数の文化がありますが、こうした国よりも小さな単位の集団が共有する文化を部分社会の文化という意味で、「下位文化」といっています。

みなさんは「文化」と言われて、何を思い浮かべますか。まず頭に浮かぶのは、民俗資料館や郷土博物館などの文化施設に展示される民芸品などでしょうか。民芸品、書画、骨董品など、目で見られるものは、「文化財」と呼ばれています。一方で郷土芸能や伝統芸能のように、特定の個人や集団に帰属し、一代かぎりで形を失う無形の

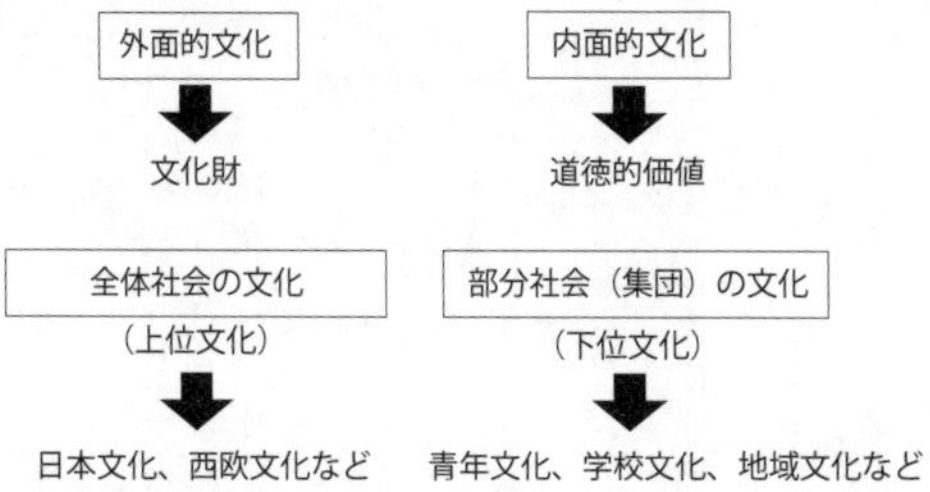

図8-2　文化の構造

文化財もあります。無形であっても、目で確認できるものが文化財なのです。このように、人びとにその存在が物として確認・認識できるものを、「外面的文化」と呼んでいます。外面的文化は、教育の素材として教育内容に取り込まれるだけでなく、そのものが人間の発達や人間形成に大きな影響をあたえます。

この外面的文化に対して、「内面的文化」も考えなければなりません。内面的文化とは、道徳や倫理などの目に見えない文化を指します。教育社会学の分野では、むしろこの内面的文化の分析に主要な関心をおいています。

教育は、文化の伝達を通して新しい世代、つまり当該社会を維持、発展させるための担い手を育成する営みなのです。その際重要なのが、われわれが共通に保有する文化、つまり「社会的性格」（social character）の存在です。図8-3は、社会的性格の内容を示したものです。

それは、社会の精神的内容を意味し、外面的文化を創造させる社会的価値と呼べるものなのです。個人的な価値・態度・信念、さらに知識・技術などが統合され、社会的精神となったもの、それが社会的性格なのです。それが形成されることによって、はじめて社会は安定するのです。教育社会学者の清水義弘が指摘するように、社会的性格の中身は特定社会の文化なのです（『教育社会学』一九五六）。

そしてこの社会的価値の内面化、社会的性格の形成の過程を分析するためには文化概念が有効です。

- 社会の精神的内容を意味し、外面的文化を創造させる「社会的価値」
- 個人的な価値・態度・新年・知識・技術が統合され、社会的精神となったもの

図8-3　社会的性格

アメリカの文化人類学者C・M・クラックホーンは、文化について、簡潔に次のように規定しています。

文化とは、後天的・歴史的に形成された、外面的および内面的な生活様式（デザイン）の体系であり、集団の全員または特定のメンバーにより共有されるものである。

（外山滋比古訳『文化人類学の世界―人間の鏡』一九七一）

そこでここでは、人びとの生活様式と全体社会の文化について、社会規範といった視点から考えてみたいと思います。

社会規範としての文化

文化は、人びとの行動や思考を規制する基準、社会的規範として働きます。社会規範は、社会を構成する人びとの行動や思考を規制する基準のことで、これに従うことにより社会関係がスムーズになるとされます。人間の行為を規制するという意味では、拘束的・制限的であり、否定的に捉える見方もありますが、社会を成立させるうえで最低限必要なルールという意味で、社会規範は不可欠な要素です。

規範は大別して、法律に代表されるように、その基準が明示されているものと、道徳やモラルのように人びとの意識に内面化されたものがありますが、一般には後者をさして用いられます。つまり、法規・法令・規則などのように明文化され、形で示されるのではなく、人びとの心理・意識として認識されるものです。規範化されるためには、当該社会の社会慣行として、圧倒的な人びとによって承認・支持されなければならず、その意味で規範は、行動の基準であると同時に、道徳的な価値も保有しています。

教育的にみると、このような社会規範は、おとなから子どもへと伝達されるもので、これを最も効率的に行う機関として、近代の学校が成立しました。社会化（socialization）とは、社会規範の内面化・学習の過程です。しかもその内容は固定的なものではなく、社会の変化とともに変容するのですが、新しくなった規範の伝達がスムーズでないと、その社会はルールを維持できなくなります。世代の断絶といった現象は、規範の伝達が世代間で円滑に行われない状況をさしています。

規範は当該社会を維持しようとする人びとによって、新しい世代、あるいは新規参入者に対して、その受容を強制するときに文化の一部となります。規範を人びとに内面化し、文化として保有させていくことが重要なのは、社会の解体を防ぐためでもあるのです。地域教育が、地域社会の規範を集約し、次世代に伝える役割を果たさなければならない理由はここにあります。これを具体的な事例を通してみてみましょう。

地域教育の手懸かりとしての「郷土かるた」

子どもだけでなくおとなたちが、日常生活の場としての地域社会について学ぶこと

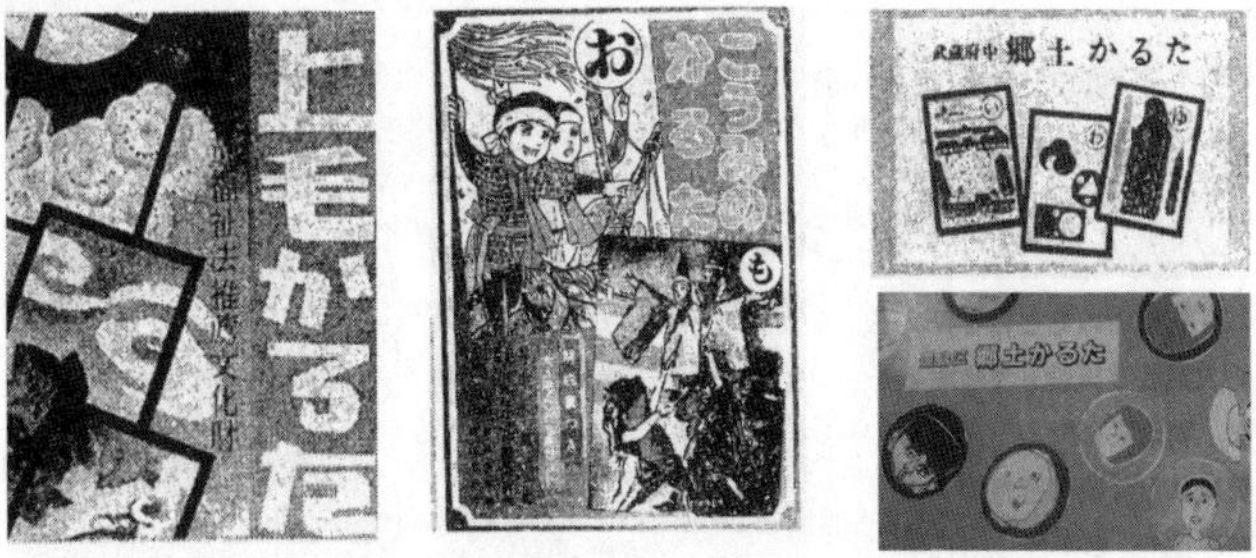

図8-4　郷土かるたの4つのタイプ

ができる学習素材に、郷土かるたがあります。図8-4は、地域社会の特性にそって、四つのタイプの郷土かるたを示したものです。ひとつは群馬県のものです。「日本の将来を担う小さい方」の「郷土愛」を育てるための『上毛かるた』で、全県民を対象としています。もうひとつは、東京都府中市の『武蔵府中郷土かるた』で、新たに居住した人に郷土をよりよく知ってもらうためのものです。三つめは、長野県の山間部の小海町の『こうみのかるた』で、これはおとな用と子ども用の二種が入っており、親子で郷土について学習するものです。そして四つめは、東京都豊島区のもので、区政五十周年（一九八三年）を記念して作成された『豊島区郷土かるた』です。

　群馬県の『上毛かるた』は、毎年二月に開催される競技大会に向けて、県下の全小学校の児童が練習するため、小・中学校時代に群馬県で過ごした人は、かるたの読み札をほぼ暗記しているほど県民に浸透しています。発行は財団法人「群馬文化協会」で、初版は一九四七（昭和二二）年ともっとも古く、一九九三（平成五）年には英語版も作成されますが、二〇一三（平成二五）年には著作権を県に無償譲渡しています。

東京都府中市の『武蔵府中郷土かるた』は、「私たちの住む郷土府中の歴史、文化、自然について、より多くの市民に知っていただくとともに、愛着を持って親しんでいただくため」に、一九七三（昭和四八）年に製作されています。読み札は制作時に市民から公募したもので、それぞれの読み札の題材となった現地には標識が設置されています。新規来住者層が多数を占める、しかも歴史をもつ大都市近郊の都市ならではのものといえるでしょう。

長野県小海町の『こうみのかるた』は一九七五（昭和五〇）年に作成されています。小海町は第五章でも取り上げましたが、一九六〇年代に人口一万人から二〇〇〇年代には五〇〇〇人台へと急減し、住民が地域社会の危機を意識せざるをえなかった町でした。子どもたちに地域意識を形成させるだけでなく、おとなたちにも「郷土をよりよく知ってもらうため」に、公民館が中心となって地元出身の漫画家（子ども用）と画家（おとなる用）に、作画を依頼して作製したものでした。

東京の中心部の『豊島区郷土かるた』は、発行は区立中央図書館ですが、制作を豊島区親子読書連絡会が行っています。「郷土かるたによせて」によると、連絡会主催の「母親のための郷土史学習会」の成果をもとに、かるたの題材になる候補地を選び、親子読書会が地域ごとに分担しあって候補地を訪ね、読み札の句作りをし、子どもの夏休みに絵札を完成しています。絵札は小学生の絵、読み札の裏には親が子どもに説明するための詳細な解説が加えられています。たとえば「や」は「山手線豊島区内に駅五つ」、「ん」は「拘置所のあとにそびえるサンシャイン」など、狭域で人口密度が高く大型商業施設も集積する区の特性をとりあげています。とくに当時国内最高層のビルが明治期にできた東京拘置所で、第二次世界大戦後に巣鴨プリズンと呼ばれた施設の跡地であることなども説明しています。

群馬県、長野県、東京都、中央と地方の四種のかるたのなかで、上毛かるたは全県民を対象としたもので、歴史は古いものでした。一方、長野県小海町や東京都の府中市、豊島区のかるたは、いずれも一九七〇年代以降のものです。

高度経済成長期における全国規模での急激な人口の流動性の高まりのなかで、子どもだけでなくおとなたちが、郷土かるたを教材に、身近な地域社会の学習をしなければならなかったのではないでしょうか。つまり、地域社会への帰属意識が弱まりはじめてきたため、コミュニティ感情を高めることが、各自治体で緊急な課題になっていたのです。よりよい生活環境を住民が主体となって創造するために、郷土かるたを位置づけたと考えられるのです。

子どもたちが学校で地域学習の教材としてかるたを作成することは、以前からも多くみられましたが、今回はより広く住民を対象としている点が重要です。このように、地域社会での社会化は、子どもだけでなくおとなも対象とし、さまざまな集団・組織・機関を通して行われています。家族・学校・職場などよりも、多様でしかも複雑な要素をもつ地域社会は、それだけに人間の成長発達にとって、さまざまな可能性と期待を秘めているのです。

また、「郷土かるた」の事例からもわかるように、郷土博物館や公民館といった社会教育施設が、新・旧いずれの住民にも郷土意識を形成させようとしています。これは一九七〇年代までは二〇万～三〇万人の人口規模の都市にしかなかった博物館の建設が、人口の規模の大小を問わず全国各地で進んだことと関係しています。博物館の機能も変化していて、ただ展示するだけでなく学習活動の場としての役割が強まり、その意味では公民館と博物館の機能は統合化の方向にあるといえるでしょう。

二．地域文学の役割

異文化接触と文化変容の過程

郷土かるたの例にみられるように、地域の文化といってもそれを担う住民の生活、その属性が大きく変化するなかで、ただ伝統的なものを継承するだけでは、生活文化としての機能を果たせなくなってきています。継承すべきものを選び、捨てるべきものは捨てる、そして必要なものは新たに創造しなければならないのです。そこでここでは、近代以降に急速に開発が進んだ北海道旭川圏域の「地域文学」についてみてみましょう。

北海道は明治以降に開拓が行われた新開地であり、そこには本土から移住した多くの人びとが生活しています。札幌市教育委員会編の『県人会物語』（一九九〇）は、「北海道の開拓は本州からの移民によって形成されたが、そのなかで首都として性格づけられた札幌における移民の態様が多彩であることを実感する」と述べています。これは札幌だけでなく、時間的な差異はありますが、全道各地でも県人会が活発に活動しているのです。

北海道「道人会」ではなく「県人会」とは、どのようなものなのでしょうか。それは明治期から大正期にかけて、本州の各地から移民した本土の人びとが、地域に定住するためにつくった組織であり、北海道開拓の歴史を地域的にたどるものです。北海道に本土のしかも辺境の地名を冠した町が多いのは、新大陸のアメリカやオーストラリアと共通しています。たとえば米国のニューヨークやオーストリアのパースなどは、英国の地名です。

出身地の文化を新開地に導入するのは、伝統的文化の伝播の過程であると同時に、これを新しい地域の文化に適応・同化させ、変容させていくことでもあります。出身地との交流を繰り返しながら、独自の文化を形成し、これとは逆に元の文化をも変えていくのです。北海道は、南方の沖縄とは異なった過程をとりながらも、本土の文化とは違った独自の文化を形成してきました。このような異文化との接触は、国際社会の教育上の課題を知るための手がかりをあたえてくれます。沖縄や北海道だけでなく、日本国内の異文化の地域間交流の歴史をたどることにより、多文化教育の手懸かりがえられるのではないでしょうか。

たとえばことばの問題も、かつて地方出身者が方言によりコンプレックスをもたざるを得なかったように、外国語の不得手な日本人が、国際社会のなかで生きるためにどのようにしたらよいのでしょうか。それは自らの文化を捨てることなく、他の文化を受け入れることにあるのです。

そこでここではまず、三浦綾子記念文学館を取り上げ、つぎに同じ旭川エリアの「地域生活と文化」の関係について、北海道伝統美術工芸村と地場産業の家具工芸の事例を通して考察します。

文化の中心としての地域

自己中心的な文化、ここではこれを中央志向の文化と置き換えて考察するのですが、これは地域の文化を支配し地域住民の生活を破壊するものです。北海道中央部の旭川市で、一九九九（平成一一）年の夏まで闘病生活のなかで執筆・創作の活動を続けた作家・三浦綾子（一九二二〜一九九九）は、自己中心的とは反対に、人が生活する地域はそこがすべて中心であるといった発想の必要性について述べています。地域社会の教育を捉えるうえで、極めて重要な視点です。

一九三〇年代に、炭坑町の教員の経験をもつ三浦は、戦時下で転校を繰り返す子どもの生活を、小学校教師の目で見つめてきました。移住地、しかも新開地の学校で過ごす子どもたちは、何を学習すべきなのでしょうか。親の都合で転校を繰り返す子どもが同化する文化を、教師としてどのように指導していけばよいのでしょうか。クリスチャンの三浦にとって、その原点は言うまでもなく原罪・人類愛なのですが、厳しい自然のなかで生きる力を、子どもたちにどのように教えればいいのか迷い続けたのです。処女作『氷点』(一九六五)の世界は、主人公の少女を通して、人の罪をだれが裁けるかを問うものでした。

三浦は「どこが中心?」というエッセイのなかで、教師の体験の中から「兎追いし」を「兎美味し」と間違って覚える人はいるが、と述べてから、東京中心の文化が地方の子どもの文化といかにかけ離れているかを、小学校唱歌の例をあげて次のように書いているのです。

兎とちがって、くつわ虫も馬追虫も、北海道の子には全くと言っていいほど馴じみがない。この歌は明らかに東京中心の歌なのだ。……とにかく北海道の子どもたちは無視されたようなものだ。それほど東京中心が目についたものだ。……地球の至る所が中心でありたいものだ。

（三浦綾子『心のある家』一九九四）

北海道には馬追という地名があるので、子どもたちは馬追のおじさんが追いついて子どもたちといっしょに虫の歌を唄ってくれていると思い込んだとしても、これを笑い話にすることはできません。国際化の進展する現代日本にあって、どこを中心に教育を展開するかは、いまでも重要な教育課題です。

子どもの世界の中に、おとなの文化を伝えるのは教育の役割です。その際大切なのは、子どもの生まれ育つ地域の文化は、中央の文化と接触することによって変容するとしても、一方的に支配されるのではなく、逆に外からの文化を規定し返す力をもっているということです。中央と地方といった図式は、文化の面にも現れています。

三浦綾子記念文学館の役割

北海道の中央部に位置する旭川市は、人口三三万九〇〇〇人（平成二七年国勢調査）で、北海道第二の人口規模をもつ地方中心都市です。大雪山系の南西部の広大な裾野で、石狩川が大小の河川をここで集めて肥沃な盆地を形成しています。明治中期以降の北海道開拓は、この旭川を拠点に展開され、旧陸軍の第七師団も置かれ、まさに北の要所でした。行政資料によると、一八九〇（明治二三）年に「開村」し、一九二二（大正一一）年に市制を施行しています。住民の大部分は、本州各地から移住してきた人びとでした。かれらは前住地とは異なった非常に厳しい自然環境のなかで新たな産業を発展させると同時に、そこにひとつの新たな文化を創造してきたのです。

三浦綾子記念文学館が、旭川市の林野庁所管の外国樹種「見本林」の入り口近くに、一九九八（平成一〇）年に建設されています（図8-5）。

図8-5　三浦綾子記念文学館

元旭川大学長で文芸評論家の初代館長、故高野斗志美氏は文学館が出来た理由、とくに「記念」とつけた社会的背景について次のように述べています。

文学館に記念と冠したのは、三浦綾子さんの今までの仕事を検証することを通して、文学・芸術を活性させることに主眼があります。またそれ以上に、とくに地域社会の人びとが、人間の生き方について根本から考えていく雰囲気を広げていく場所として、三浦さんを記念しながら、文化的発信を地域社会に行うという市民の願いをもとに、三浦綾子夫妻もかかわってつくったからです。三浦綾子さんは自分が、文学者としての特権をもっているのではなくて、旭川という地域社会に一人の市民として生きて、日常に参加しているという意識と自覚をきっちりともっている作家として、住民にとってかけがえのない人なのです。

三浦綾子は、第二次世界大戦中の教師の体験を生かし、次の世代に伝える作品を書き残しています。高野氏は、『氷点』を書いてからまもなく発表された長編小説『積み木の箱』（一九六八）は、家族をモチーフにしており、教育の面から捉えられるものとして高く評価しています。とくに初期の作品に、家族問題が多い点についても、「やはり最初から、三浦さんという作家が幼年時代、幼女時代に大家族に育ったことも影響していると思いますが、人間を捉える場、家族・家庭を舞台にして、人間関係を探り、人間が生きていく場として捉えている。その点が優れている」と高く評価しています。
また地域教育については、『心のある家』や『藍色の便箋』などのエッセイ集で、子どもをしかるときの基準も「自己中心的であるかどうか」だと言います。高野さんは以下のように続けます。

三浦さんは、自己中心的に生きることがいかにまずいか、これを直していくことが必要であることを、一貫して主張しているのです。また家族にかかわっては、家庭崩壊、学校・学級崩壊などは、基本のところで自己中心に生きることが他人を傷つけ、いかに自分を壊しているか、そして集団自体を解体するかについて、三浦さんは体験に即して、鋭くわかりやすく分析しているのです。

さらに、高野さんは三浦綾子を、東京に行って中央の文壇で作家として名をなすことは無関係に、ふるさと、居住地において、地域社会とともに生きていこうという意識をもった作家だとしています。北海道の地域性・風土と作風の関連については、以下のように述べています。

三浦にかぎらず、戦前に活躍した小熊秀雄においても、現在もたたえられているのは、北国の自然のなかで苦労しながら集団をつくり連帯していく、厳しい北国の自然、北方の風土のなかで人間としてどうあるべきかを問うているからで、北にかかわる北海道の作家の共通の特徴があります。それは中野重治が言ったように北海道の作家は、自然と直接「あいはかる」「あいわたる」、つまり裸のまま向き合い、そこから生きる力を逆に吸収するといった生き方を描き出しているのです。

三浦綾子は、一三年間の闘病生活を経て作家になるのですが、生活の場から体験を語ることによる他人への問いかけ、体験に根をおろしてメッセージを発していく姿勢は一貫しているのです。たとえば『細川ガラシャ婦人』や『泥流地帯』、『天北原野』など多くの作品でも、写生や写真を用いて、長編を中心に徹底した取材ノートを基礎に、作品を書き出しているのです。

岩手県遠野市の事例――昔の話から学ぶ学習運動の実践

民俗学者・柳田国男の『遠野物語』（初版一九一〇）で知られる岩手県遠野市では、郷土に伝承される昔の話を、教育・学習の場に教材として取り入れています。柳田に遠野地方の昔から伝承され、しかも今も生活に深く結びついている話を伝えたのは、旧土淵村出身の文学者・佐々木喜善でした。明治期に失われつつある日本の文化を、物語の形で書きとどめたのが『遠野物語』だったのです。

遠野市の学校教育では各小・中学校で、昔の話を素材にした総合的な学習が行われています。遠野市立遠野小学校では、全校生徒の「総合的表現活動『遠野の里の物語』」が、毎年全教員により実践されています。その内容は、歌物語「遠野」の全校合唱、独唱、語り、身体表現が、遠野に伝承された昔の話をもとに幻想的（ファンタスティック）な世界として展開されます。これはきわめて貴重な実践だといえます。

四〇余年前に開始されたこの表現活動は、音楽の表現力だけでなく、体力的な表現力（パフォーマンス）や語りの国語的な表現力が求められます。年間を通して郷土の素材を組み込んだ教育実践、その成果を集大成したのがこの活動です。この活動の立ち上げに中心的にかかわった佐藤誠輔氏は、次のように語っています。

開始当時は教科中心の教育課程のため、この活動を取り入れることが難しく、特別活動や学校行事の時間をあてることなど大変苦労したのですが、この活動によって子どもたちが大きく変わり、生き生きと学習するようになったのです、そして教育課程・指導要領の改訂により、総合的な学習の時間が設けられることにより、このような実践がしやすくなったのです。

遠野市は岩手県の東部、北上山地の中心都市です。一九六〇年代に人口およそ四万人でしたが、人口の流出が続き現在は三万人を割っています。一九七〇年代に入り「市民憲章」を制定し、地域社会の活性化に積極的に取り組んでいるのですが、その際見直されたのが『遠野物語』でした。「民話のふるさと遠野」を前面に打ち出し、観光客（入込客）は二〇〇三（平成一五）年には一五〇万人を数えています。このようなケースは地方の小都市としてはまれなことでした。

遠野市は学習運動がとても盛んな地域で知られています。一九九五（平成七）年には、遠野常民大学（一九八七年設立）ほか、市内の学習団体と遠野市が協議して、遠野物語研究所が設立され、学習運動の中心的役割を担っています。研究所は市の中心地にある

「とおの昔話村」のなかにあり、民俗学の研究機関であると同時に、市民にとってまた観光で訪れる人びとにとって重要な教育・学習機関の役割を果たしています。

研究所の高柳俊郎所長、佐藤誠輔研究員の二人は、いずれも市内の元学校教員（学校長）で、昔の話を教育内容として「遠野物語通信」として教材化するための実践に力を入れてきました。高柳氏は柳田の遠野での足跡をたどり、「物語」の社会的背景を詳細に分析し『柳田国男の遠野紀行』（二〇〇三）を著しています。また佐藤氏は、『口語訳・遠野物語』（一九九二）の訳者です。この図書は市教育委員会が、小学校全校にクラス単位の授業用として配架し、学習教材として活用されています。

図8-6　遠野物語の教材

研究所としての刊行物も多く、「遠野物語通信」や毎年開かれるゼミナールの成果を刊行物として数多く発行しています（図8-6）。また「遠野物語かるた」なども作成し、おとなも子どもも楽しく遊びながら学ぶ工夫がなされており、しかもかるたには、詳細な解説書が付けられているのです。
市民向けの事業としては、遠野物語教室、語り部（昔話）教室、遠野学会などがあります。これらの学習の成果・発展として、昔話のボランティア活動団体いろり火の会があり、遠野駅に隣接する観光協会・物産センター内などで、気軽に昔の話を聞かせています。会長で語り部の工藤さのみさんは、「お見えになった方からよく遠野の話は生々しいとよく言われますが」と前置きをして、次のように語ってくれました。

それは土臭いものがそのまま入っているからで、昔から伝えられてきた話は、決してきれいなことばかりではありません。殺伐としたもの、おどろおどろしたもの、残虐なこと、口に出してはなかなか言えないことなど、それをそのままストレートに語り伝えることが大切で、語り部教室などで学んだこの基本を守って語ってきました。けして良いものに改ざんしたり、きれいごとにはしません。人生の先輩たちが教訓としてきたこと、こうあってはならないと後世の人に語り伝えてきたこと、その生き様を受け止める人の感性に、心を込めてそのままぶつけるのです。

厳しい環境のなかで生き抜いてきた郷土の先人の生々しい生活を理解し、これを語りを通して伝えようとする市民の活動・姿勢が、人びとの心を打つのであり、繰り返し遠野を訪れる人がいるのはそのためなのでしょう。

遠野市にみられたように、学校教育だけでなく、社会教育とも一体となった形で、地域素材を学習内容に組み込むことは、地域教育の基本です。

三. 地場産業と地域教育

北海道伝統美術工芸村

旭川市の郊外の石狩川と大雪山系を一望する台地に、民間の北海道伝統美術工芸村があります。これは北海道の伝統工芸「優佳良織」を新しく創作した木内綾氏が、一九八〇(昭和五五)年に開設した優佳良織工芸館を母体として、その後建設された国際染色美術館、雪の美術館を一体化させた、北海道の自然・産業・文化を世界に発信するための基地ということができます。まさに地域文化創造のコミュニティともいえるこの村(共同体)は、地域の経済の基盤である雇用の機会も創造しているのです。それは織物といった作品の製造を中核として、これを染色美術品の展示や雪と氷など、北海道の

図8-7　北海道伝統美術工芸村の優佳良織工芸館

厳しい自然をテーマとした施設群と連動させることにより、地域の観光産業をリードする役割を果たしてきました。（図8-7）。

優佳良織工芸館館長の木内和博氏は、織元《おりもと》の木内綾氏の長男であり、優佳良織の作家でもあります。彼は母親の創造した芸術を地域の産業・文化として継承・発展させる役割を担っています。

なお、優佳織工芸館は二〇一六（平成二八）年の年末に、母体となった北海道伝統美術工芸村の経営難により倒産したため、現在「『優佳織』の存続を願う市民の会」が市民運動として展開しています。

木内綾氏は二〇〇六（平成一八）年、和博氏は二〇一六（平成二六）年に逝去し、二〇一七（平成二七）年に工芸村は一時休館（休村）となっていますが、これまでの現地調査での対談・インタビューの内容は、新たに創造した文化を、地域教育の素材つまり地域文化として継承とするための手懸かりが語られていると考え、お二人の話を整理しておきたいと思います。

工芸館の果たす役割

二〇〇五年に、『北国の四季』をテーマに八〇歳を過ぎても創作を続けている織元の木内綾氏に、優佳良織を創造した経緯について語ってもらいました。

北海道のためにと、みなさんから期待されていましたが、はじめは抵抗して、何をテーマにするか何年か悩んだのです。本州から鉄道で旭川に戻るとき、沿線の緑を見ながら、暮らしていても気がつかない美しさ、自分の一生は北海道にあったということに気がつきました。

この北海道のためにといった気持ちは、三浦綾子文学の「どこが中心の発想と」共通しているのではないでしょうか。厳しい自然のなかで、中央の文化に支配された人びとの生活のなか、地元の素晴らしさをみつけ、それを発信する生き方がそこにあるのです。それは中央へのコンプレックスではない点に留意したいと思います。

館長の和博氏は、工芸村の果たす役割について次のように指摘しています。

なぜこういうものを北海道に残そうとしたか。一番大事なものは精神的な土壌であり、これを残すことは大変なことでした。作家としてよりも、織というなかの染めから紡ぎなどさまざまな技術、それぞれの仕事の後継者を育てるための人材も必要であり、トータルなものを創造するには一人では荷が重いと考えたからです。工芸村のみなが協力してくれますので、それが非常に大事なことだと思います。（中略）

工芸村には北海道内だけでなく、全国各地からの来館者があります。多様な目的をもって北海道に来られる方々に、北海道の地域の文化、地域の工芸の在り方を考えるなかで、これらの施設を複合的に皆さんに理解してもらう努力をしています。新しく創造された優佳良織についても、作品そのものは語ってくれませんが、作品になっていった経過・プロセスを知ることによって、全体の深さを知ってもらうことができるのです。

木内氏は旭川市美術振興会（個人参加方式）の役員、また財界人としてこれまでにさまざまな事業を行ってきました。とくに旭川市の地域文化の振興といった側面から積極的な活動を企画・実施してこられたのですが、教育といった視点から木内氏は次のように語ってくれました。

一回目の彫刻展のとき、「彫刻って何」といった問いかけがあったのです。彫刻というと「銅像」といった意味でしか、受けとってもらえていなかったことに気付かされました。わかってもらうためには、良いものに触れてもらうことが大切で、これを地域全体につなげて行こうという判断のもとで、続けてきたのです。

雪の美術館では、たくさんの雪の結晶を見て、「これ雪の女王様だね」と目を輝かせてくれた子どもがいました。おとなが気付かない子どもの目線に驚かされたのです。故郷のもっている素晴らしさを、どういう形でアピールしてゆくか、自分たちが誇りに思ってゆけるか。子どもは感性を出発点にして、素朴な夢やあこがれが増えてゆくのではないでしょうか。そのきっかけを作ってやることが大切なのだと思います。

学校の郷土学習で、たくさん工芸村にもやってきます。とても優秀な子どもが多いのですが、故郷の歴史や自然、基本的な知識をもたないままで来る子どもがたくさんいます。北海道の成り立ち、大地のロマンや大雪山の歴史、また旭川市の特徴を話すと、初めて聞くように眼が爛々と輝いてきます。自分たちの故郷がそんなに素晴らしいものをもっているのだと感じてくれるのです。故郷の素晴らしさを知らないで育つのと、知って育つのでは故郷への愛着が違うと思うのです。子どものたちの感性を大切にしてあげたいと思っています。

木内氏が指摘する「基本的な知識をもたないで来る子ども」といった指摘は、地域学習にとって非常に重要な点なのではないでしょうか。地域学習の一環として、子どもたちを地域に出すためには、それなりの事前学習が教育課程のなかに組み込まれていなければならないのです。これは学校教育の一部と言うよりも、地域の施設や人々を巻き込んだ、まさに地域教育の実践事例としてとても貴重なものなのです。

木内綾氏は、みずからが創造した新しい伝統文化を、どのように伝えるかについて、後継者、とくに館長としての息子への想いを込めて語ってくれました。

かれは継ぐつもりはなかったと思います。私に義理立てする必要はありません。かれは、二人作家はいらない、親子を超えて自分のしたいことをしてほしいと思ったのか、見ておれなくなったんでしょうね。……私は、弟子はとりません し。しかしこの織物を残すために、市の公民館や道立工芸試験場などを利用して、習った人から、弟子みたいな人から……やがて二〇年ぐらいたって、……作品がやさしくないよとか、ここは意地悪な感じだとか伝えて行くのでしょうか。師と弟子の関係といいますが、弟子の意味が違うのです。作家というのは、自己主張ではなく、として、みな同じように責任をもつのです。会員としての「織の仲間」伝統工芸はみなが見て同じもの、似て非なるもの、それを買ってもらった人に満足してもらえるものなのです。職人根性と言っていいと思いますね。ときどき、わからなくなったときなどに、集合体として一〇〇年という物差しをもつのです。いやになったとき折れてはいけないのです。自分に対してもそうですが、皆で話し合うのが大切です。職人芸としての作品をつくる、これを合言葉にして。せっかく神様が遣わせてくださったのですから。

旭川の家具工芸と生活文化

旭川の主要な産業のひとつに家具製品があります。木工芸協同組合の元理事長でインテリアセンターの前会長の長原實氏は、若い頃にデンマークに渡り、インテリアデザインを学びます。彼はその経験を生かし、ヨーロッパの文化を受け入れ、北海道にも伝えようとしていました。地域文化の変容を考える好例と言えます。長原氏に地域文化について語っていただきました。

二〇歳のころは徒弟制度が残っており「盗む・真似る」時代でした。旭川市の公設の木工指導所で、生涯の師となった先生から教えられました。私は先生から、しょっちゅう本をお借りし勉強したのですが、デザインを学ぶには旭川では無理だと思い、二三歳のとき通産省の研修所（東京）に六週間入れてもらったのです。そしてそこでは、私は強くデンマークに惹かれたのです。クラフトマン、創造で

きる職人になろうと思い立ちました。（中略）
たまたまデンマークを旅行中に、北海道の木材がここで製品化されているのをみたのです。目からウロコが落ちるというよりも屈辱を感じたのです。自己発見というか、考えが変わりましたね。北海道の木材を、生活を文化として捉えることの大切さを。そして大学や美術館・博物館で学ぶうちに、私のルネッサンスとも言うべき気づき、「暮らしは物ではない」ということを感じるようになりましたね。

教育の課題についても、厳しい捉え方をしています。

北海道の木材の最高の品質が、付加価値を生むことを知らなかったのです。つまり北海道の教育というものは、北海道の歴史を教えていないのです。全国一律の教育がよくないと思います。もっと地域の歴史を教えるべきです。北海道は北欧にしっかり繋がっているのです。北海道の歴史を学ぶとき、もっと違う歴史を教えるべきです。北海道のアイデンティティを育てない教育を改めるべきです。

北欧から精神的なものを学ぶことによって、私は変わったのですから。

つまり、中央集権的でしかも画一的な教育を批判しているのです。長原氏のいう地域の歴史は、狭い地域ではなく全体社会との繋がりから学習される地域です。今日的な教育用語で示せば、開かれた学校、国際理解教育、共生社会といった学習課題が、身近な地域社会をグローバルな視点から捉えることによって、子どもたちの地域アイデンティティとして内面化されるのであり、まさに地域教育の原点を形づくるものなのです。

◉第九章

おとなが変わる、子どもが変わる

最終章では、二章の教育環境の分野・領域と類型にそって、子どもの地域生活が急激に変容、とくに身近な地域社会の喪失が、子どもたちの病理・問題行動を生み出している背景を明らかにします。さらに地域の教育力を高めるために、地域住民が行政を巻き込む形で展開している、旭川市の教育実践の事例を考察したいと思います。

一．子どもの居場所の喪失

子どもの事件の発生

子どもというよりも青少年の犯罪・非行そして問題行動を、社会事件として、マスコミがセンセーショナルな形で報道したのは、一九八〇（昭和五五）年の金属バット事件でした。神奈川県川崎市に住む二〇歳の大学受験・予備校生が、就寝中の両親を金属バットで殴打して殺害したのです。受験競争が激化するなかで、学歴社会の重圧に耐えかねた青年が、家族を巻き込んで引き起こした事件は、社会に衝撃を与えました。さらに一九八三（昭和五八）年二月には、同じ神奈川県横浜市の公園で、浮浪者（ホームレス）が集団で暴行を受け死亡しています。「ストリートギャング」と呼ばれた一〇人は、中学校を卒業したばかりの高校生など、一六歳から一七歳の青年でした。

義務教育を終えたばかりのこの時期に、なぜこのような事件が起きるのか。その社会的背景は何でしょうか。学校から開放された、というよりも学校の管理下に置かれていた子どもたちが、現実の社会の弱者を攻撃するといった社会現象は、その後さらに異なった展開をみせはじめます。

ちょうど一〇年後に起きた「山形県新庄市いじめマット殺人事件」（一九九三年一月一三日）は、中学校の体育館内での出来事でした。子ども同士のいじめなのか、それとも事故なのか、教育界だけでなくマスコミで報道されたため、学校をめぐる事件として多くの関心を集めたのでした。その後研究者が現地に入り、長年にわたりその真相を調査しています（北澤毅・片桐隆『少年犯罪の社会的構築』二〇〇二）。

続いて、社会を震撼させた一九九七（平成九）年の神戸連続児童殺傷事件が起き、のちに一九九九（平成一一）年、京都市伏見区の小学校の校庭での、児童殺傷事件も報じられました。京都の事件の犯人は、二一歳の青年男子でした。

もちろん、現代の青少年がみな異常なわけではありません。渡部真編集の「モラトリアム青年肯定論」（『現代のエスプリ』四六〇号、二〇〇五）は、「現代青年の新たな像を求めて」をテーマとしています。青年を否定的にではなく、その可能性を擁護する趣旨の約二〇名の論稿をとりまとめているのです。そのなかで大村英昭は、「青少年における『犯罪の衰退』」について、詳細な調査・研究の資料・データを用いて論じています。

しかしそれ以前の一九七〇年代から「荒れる中学校」、「校内暴力」そして「いじめ」など、子どもの問題行動を喧伝する報道により、子どもたちは白い目で見られるようになったのです。

しかしこれは子どもの責任ではありません。子どもが育つための社会環境、とりわけ家庭、地域、学校などの教育環境が、子どもたちを一人前の人間に育てる役割を、放棄してきたからではないでしょうか。親の背中を見て育つ環境は、農業社会から産業社会への転換のなかで、一部の家庭を除いてなくなってきています。当時子連れ出勤が話題となっていましたが、それが出来る職業や小規模の自営業の家族でも、その機会は限られています。子どもの問題は、おとな社会の問題として捉えるという視点から、地域教育の課題についておってみましょう。

子どもへの攻撃はなぜ起きたか

二〇〇一（平成一三）年、大阪教育大学附属池田小学校に、凶器を持った男が侵入し、次々と同校の児童を襲撃し、児童八名が殺害されています。犯人は三七歳でした。さらに二〇〇八（平成二〇）年発生の、秋葉原通り魔事件は、二七歳の「期間工（臨時職員）」が失職を理由に引き起こしたと報道されました。東京の雑踏する交差点に車で突入し、七人が死亡、一〇人が負傷したのです。相手を選ばず無差別に攻撃する、しかも車といった凶器を使っての犯行は、衝動ではなく病です。これは子どもに限った話ではありません。社会の病理現象は、子どもだけでなく全世代に浸透しているのです。

このように、これまで「子どもの問題」として報じられてきた出来事は、実はおとなの問題なのではないでしょうか。青少年の犯罪や問題行動の増大はもとより、衝動殺人や自殺など、精神に異常をきたすおともいます。働き過ぎの日本人には、ゆとりがありません。教師も同様というよりも、むしろ教師以上に働き過ぎの人びとが、経済不況のなかで職を失っています。子どもの教育どころか、家族の生活の糧を得るために悪戦苦闘している人がいることも事実です。

そうしたおとなの存在が問われているのです。青少年を健全に育てる環境がないこと、責任はおとなたちにあることを、現代社会が自覚しなければなりません。

「地域は学校、おとなはみな先生」といったスローガンが出されたのは一九七〇年代のことでした。このようなスローガンが、教育関係者から提起されたのは、地域が学校でもおとなが先生でもなくなっている現象が、全国各地で生まれてきていたからだったのです。

子どもの病が先かおとなの病が先か。鶏か卵かという関係ではなく、病理発生のメカニズムをおとなが解明しなければ、子どもたちは救われないのではないでしょうか。

子どもにとっての「身近な地域」が、全国的規模で急激に変容したのが、一章で述べた日本の高度経済成長期後半の一九七〇年代でした。校内暴力、登校拒否、現在は不登校と呼称される現象など、子どもの病理・問題行動が急増したのも、ちょうどこの時期です。国＝全体社会の経済的な豊かさと引替えに失われたものが、国民＝住民の日常生活の地理的空間としての、地域社会だったのではないでしょうか。

このことを子どもたちは敏感に感じとり、おとなたちに抵抗の意志を示すために、「問題行動」に出たと考えることができるのです。

家庭教育とおとなの責任

家庭教育については、家族の構造と機能の変容が著しいなかで教育上の課題は多く、解決の方策を提起することはそう簡単ではないと思われます。ただ現代日本の社会問題とされている少子・高齢化社会についても、これをマイナスイメージで捉えるのでなく、その条件を生かしてゆくといった姿勢も大切なのではないでしょうか。家族の一員がより豊かな家庭生活を実現させるためには、長期的な展望・目標をもって学習しなければならないのですが、まず何のために学ぶかが問われているのです。東京都墨田区の児童福祉施設「興望館」の野原健治館長の、現代日本の家族をめぐる問題状況についての指摘は、このことを端的に示しています。

児童福祉の仕事をしていて一番感じることは、若者たちに社会体験の場を与えることが、あまりにも少なすぎることです。これは大きな問題だと思います。若者たちが社会人となる機会が今はないのです。小さなグループが社会になってしまっているのです。それはおとなが、子どもや若者たちから手を引いてしまっているからなのです。もっと子どもの世界に踏み込んで、一緒にいることがとても大切なのです。若者たちは「わるさ」をするものですが、わるさを「まじめに」やっていることに気付けば、社会の善悪やけじめを教えるきっかけになるのですが、その機会が少なすぎるのです。五〇、六〇、七〇代の人が、もっと子どもや若者たちに、生きることの意味をみせてやらねばならないのに、逃げてしまっている現実を、非常に残念に思います。世代間の交流が効果をもつと言われていますが、まずは、おとなも子どももそれぞれの社会体験を、相互に交流し合う機会と場をつくることが大切だと思います。

野原氏はこのように、身近なおとなである親と保護者の責任の大きさを指摘しているのです。子どもたちがおとなの「生《い》き様《ざま》」をみて育つ機会を作ることが、変動する社会でとても大切な課題なのではないでしょうか。地域社会から家庭・家族が切り離されている状況は、子どもだけでなくおとなにとってもマイナスに作用しているのです。

二　地域の特性を活かした教育実践

学社の連携・融合と地域の教育力

三章でも述べたように、学校と家庭と地域とが「連携・協力」して、地域の教育力を高め、次の世代の人材を養成・養育しなければならないといった認識が生まれたのは、高度経済成長が頂点に達したころのことでした。学校と地域・家庭が一体となって、子どもの「社会化（広義の教育）」の役割を担わなければならないといった危機意識が持たれたのです。

そしていま、学校と地域の「連携」や「協力」ではなく、「融合」という言葉も使われはじめました。協力の必要性が長年叫ばれながらも、現在に至るまでその実効性がなかったためです。

「学社融合」の理念について、生涯学習審議会の答申『地域における生涯学習機会の充実方策について』（一九九六）では、次のように述べています。

この学社融合は、学校教育と社会教育が、それぞれの役割分担を前提としたうえで、そこから一歩進んで、学習の場や活動など両者の要素を部分的に重ね合わせながら、一体となって子どもたちの教育に取り組んでいこうとする考え方で、学社連携の最も進んだ形態とみることもできる。

この理念実現のために、地域の社会教育・文化・スポーツ施設との連携＝効果的な利用が重要であり、そのことにより「学校だけでは成しえなかった、より豊かな子どもたちの教育が可能になると考えられる」、としているのです。つまり「部分的な重ね合わせ」による連携が、融合の内実であると説明しています。比喩的に示せば、「核融合」のような爆発的なエネルギーが、「部分的な重ね合わせ」によって生み出されることにより、学校はスリム化され、地域住民にもゆとりができるとしたのです。

それではなぜこれまで、融合ができてこなかったのでしょうか。それは「地域の教育力」の内実つまり具体的な内容を、教育関係者とくに学校関係者が十分に把握できずにきたからです。筆者なりに、地域の教育力の実体を端的に示すならば、それは地域の自治を担う住民組織・人間関係の力量だと思います。巨大化した都市には、行政組織としての自治体はあっても、住民の意思を反映する自治組織は、近代的な市民社会の組織として創造されていないため、教育力がきわめて弱くなってしまいます。一方、地方でも封建社会の遺物と批判の対象とされたとはいえ、地域組織は一定の教育機能、たとえば子どもの基本的なしつけや、道徳を身につけさせる役割などを果たしてきました。

しかし再三述べているように、産業構造の転換と急激な人口の移動により、地域社会は解体、あるいは成立しない状況に陥っています。「地域は学校」でも「おとなは先生」でもなくなっていることに、教育関係者たちは気付く必要があります。スローガンだけでは、地域の子どももおとなも融合の姿勢をみせてくれないのではないでしょうか。

この点について、社会教育や施設が融合する形で地域教育の実践をしている旭川市の事例を通して検討してみましょう。

動物園の役割

旭川市では、行政と民間が一体となって生涯教育・学習を展開しています。近年は旭川市立・旭山動物園が入園者を多く集め、「旭山動物園物語」などの劇場映画やテレビドラマが制作されており、観光の拠点として全国に知られていますが、その歴史は古く、一九六七（昭和四二）年に開園しています。

旭山動物園設立の理念は、「旭川の子どもたちが短い夏を、世界の子どもたちとともに楽しめるように」であり、その役割は、レクリエーション、研究、教育、自然保護の四点にあるとしています。とくに厳しい自然のなかで、また首都東京から遠く離れた「辺境の地」で暮らす子どもたちのための社会教育施設として、動物園が学校教育と連携して教育を行おうとしている点がとても重要です。

一時期、ジェットコースターや観覧車なども備えた「遊園地」を園内に設置し、市民の娯楽の機関としての役割をも果たそうとしたのですが、結果として市財政を圧迫し、動物園それ自体の閉園の危機に何度も遭遇してきました。これを行政や園職員だけでなく、市民運動が一体になってその維持を図り、現在は動物の生態を行動展示するといった創造的でユニークな方式を導入することによって再生させ、日本でも有数の人気のある動物園に育ててきたのです。

図9-1は、冬季に行われる「ペンギンのお散歩」の様子を示したものです。キング・ペンギンには、先頭についていく習性があるとのことですが、子ども（雛）が散歩（行進）からはぐれそうになると戻ってこれを見守る親ペンギンの姿は、観客にとって

図9-1　ペンギンのお散歩とペンギン親子（雛）

子育ての大切さを教えてくれるものとなるでしょう。

この動物園には二〇〇九（平成二一）年度から、教育委員会から、現職の教員が職場研修として派遣され、飼育員・教育担当として一年間在籍し職員として勤務していました。これは北海道教育委員会の施策で、各地域・支庁管内の特性に合わせて、市町村教育委員会が派遣教員を公募の形で決める方式をとっています。その研修成果を学校教育に活かしてもらうだけでなく、動物園からも飼育員が学校に出前授業に毎年出かけています。学校からの派遣教員が、入園者のために動物の生態の解説を行う試みは、極めて貴重な実践だといえるのではないでしょうか。

三浦綾子記念文学館の役割

旭川市には他にも、市立の図書館、文学館、彫刻美術館など数多くの社会教育施設がありますが、市民の手による文化事業（音楽祭や美術展など）や施設が、地域の教育・文化活動に重要な役割を果たしています。

第八章「地域文化を知らない子どもたち」で取り上げた「三浦綾子記念文学館」や、北海道伝統美術工芸村の「雪の美術館」や「国際染色美術館」なども、市民にとって大切な生涯教育・学習の施設になっているのです。

一九九八（平成一〇）年オープンの三浦綾子記念文学館は、市民の実行委員会が三年の準備期間を経て財団法人を設立し開館にこぎつけています。「市民の手でつくり、市民の手でそだてていく」をコンセプトとし、財政基盤確立のために「賛助会制度」をとりいれ、また運営に当たってはボランティア団体おだまき会が協力しています。「三浦綾子記念文学館一〇年のあゆみ」（二〇〇八）によると、「全国から一万五〇〇〇人を超える市民の皆さんの参加による市民運動で、文学館が建設されたのは全国でもめずらしいことです」と記されています。入館者は開館以降一〇年間におよそ三六万人、旭川市の人口と同じ人びとがここを訪れていることになります。

そして地域教育といった視点からとくに重要なのは、設立の目的の中に「市民運動の成果として建設されたことをふまえ、館活動をつねに地域社会の発展と密着させて

図9-2　三浦綾子夫妻の書斎での口述筆記

（出所）季刊誌「みほんりん」

くりひろげます。人にやさしい安らぎをあたえる文学館のあり方を追及し、お体の不自由な方々や青少年のみなさんが親しめ、活用できる文学館であることをめざします」と、明確に記述している点なのです。毎年、三浦綾子の「人と作品」をもとに、企画展や講演会・講座、セミナーそしてコンサートなどを開催し、また「作文賞」も創設し児童画などの各種作品展や絵本の出版そして文学散歩など、市民と来館者を巻き込んだ形での事業・活動を展開しています。

二〇一八（平成三〇）年には開館二〇周年記念事業の一環として、三浦綾子・光世夫妻の「口述筆記の書斎」を移設・復元し、文学館本館併設の「分館」として保存・展示されています。もちろんこれも、公益財団法人として市民が中心になって、募金を全国に呼びかける形で行われている点が重要なのです。三浦綾子氏は早い時期から自らの作品を夫の光世氏に口述筆記してもらう形で発表してきたのです。図9-2は、お二人の口述筆記の様子ですが、夫妻の自宅の遺贈を財団が受け、その書斎を活用することの意義は大きいのではないでしょうか。

小学校社会科副読本「あさひかわ」

旭川市の小学校には、郷土学習の副読本『小学校社会科副読本三年生・四年生「あさひかわ」』（一九九六）があります。図9-3は副読本の表紙の写真ですが、旭川市のシンボルの大雪山系と石狩川にかかる「旭橋」が入っています。

図9-3 『あさひかわ』表紙

副読本は、市内の小学校の教員一七名が監修・執筆したもので、①私たちの市の様子、②私たちのくらしと人びとの仕事、③昔のくらし、④けんこうなくらしとまちづくり、⑤安全なくらしとまちづくり、⑥くらしを高めるねがい、⑦私たちの北海道、そして歴史年表で構成されています。

導入部分の②では、店の仕事、米をそだてる仕事、家具工場の三つの仕事について、

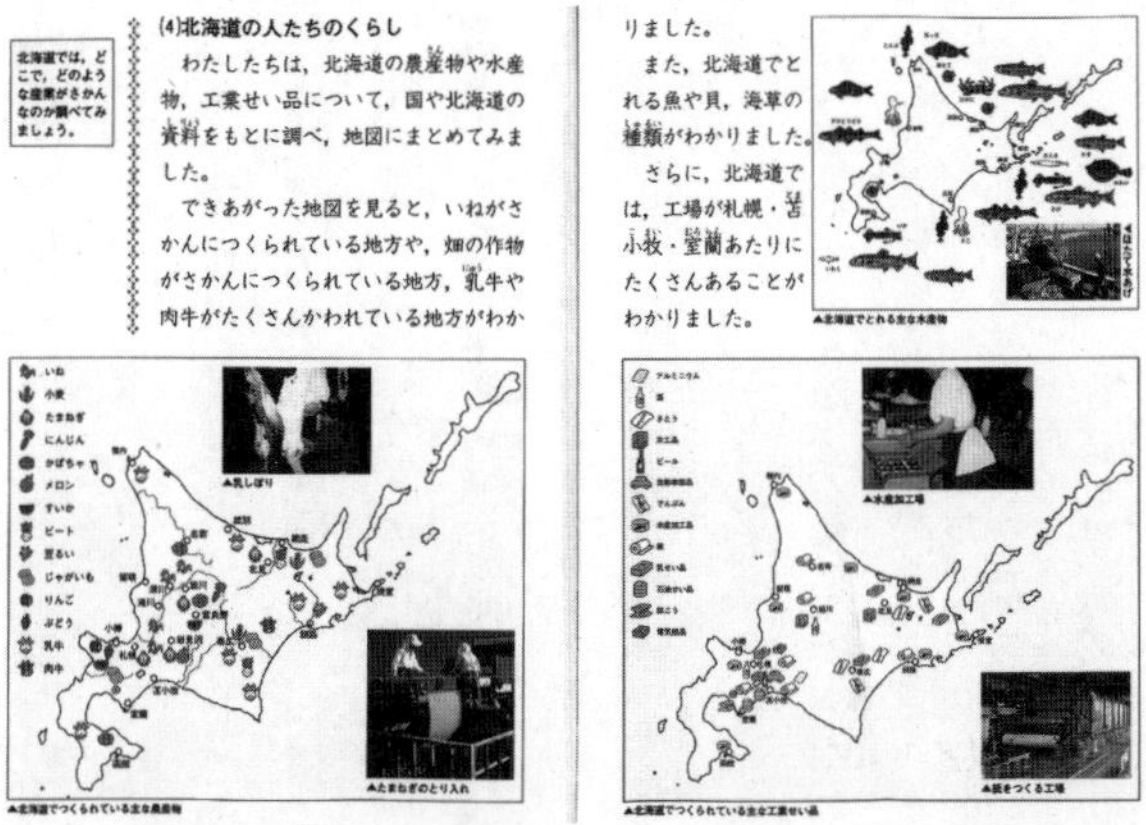

図9-4　社会科副読本『「あさひかわ」―北海道の人たちのくらし―』

漫画で描かれた教員が「つぎの三つの中からえらんで学習するんだよ」と、語りかけるようにしています。そしてそれぞれの仕事の現場の担当者の説明、子どもたちの感想も、やはり吹き出しで描いています。この三つは郷土学習の初めに、旭川の「地場産業」を子どもたちに学習させることを基本としているのです。社会科だけでなく、学校行事や総合的学習の時間を活用して、市内の各地、各施設を訪問する「校外学習」が、この副読本を利用して市内全域さらには上川支庁管内の市町村で展開されているのです。

そして後半の⑦私たちの北海道のなかの「⑷北海道の人たちのくらし」では、北海道の主な農産物、水産物、工業製品を主要都市別に地図で示し、広大な北海道の地域特性を学習し、さらに交通網の広がりにより旭川市が道内だけでなく、国内そして世界につながっていることを示しています（図9-4）。この副読本は、地域コミュニティ（郷土）の学習が世界の学習に連続してゆくといった形で、小学校中学年段階での「身近な地域社会」の学習を展開しているのです。

第八章の「地域文化の果たす役割」でとりあげた、家具メーカーの元会長で、商工会議所役員を長年勤めた長原實氏も、次のように語っていました。

毎年、秋になると大型バスで小学生が先生に引率されて連日見学にやって来ます。とくに見学のためのコースを設けているわけではないのですが、担当の職員が安全なコースを選んで案内をしています。まず工場で木材から製品に加工する過程を見学してもらいます。きめ細かな手作業もあり、最新のロボット・工作機もあります。そして最後に、別の棟のショールームに案内すると、多種多様な製品があることに、驚きの声を上げているのです。

副読本の学習は知識だけでなく、子どもたちの生活の場である地域社会で、実体験させることにより身体化されるのです。長原氏の話にあるように、副読本には旭川市内の家具工場の仕事について、工場の見学計画を子どもたち自身で作成し、見学の様子と学習内容が一〇ページにわたって描かれているのです。旭川市の家具工芸は全国的にも知られていますが、この学習によって子どもたちに感動を与えるだけでなく、さらに郷土旭川市への誇りをも与えているのではないでしょうか。これは、雪の美術館での雪の結晶への驚きと同じく感性を育てることが、地域教育の基本にあることを示しているのです。

小学校の中学年での身近な地域社会の学習は、やがて中学校での職場体験活動につながって行くものです。第四章の「学校と地域を結ぶPTA」でとりあげたように、公立中学生二年生の職場体験活動のための職場を確保するためには、PTAと地域社会の協力が不可欠でした。学校教育と地域教育をつなぐ役割を、身近な地域社会の学習と中学生の職場体験が果たしている、と捉えることができるのではないでしょうか。

おわりに

　これまで、学校教育、社会教育そして家庭教育が、地域社会のなかでどのような形で実践されているかについて、「地域教育」という新たな概念を用いて考察してきました。とくに学校と地域社会それぞれの視点から、教育実践上の課題を提示するために、できるだけ具体的な事例を取り上げています。そこでは、教育をめぐる問題の多くが、地域社会の教育力、より正確には「人間形成能力」の弱体化に起因していることがわかりました。とくに人びとを取り巻く生活環境が大きく変化するなかで、学校教育への期待が高まり、これに応えるには学校と地域社会との連携・協力が不可欠であることを明らかにしています。

　一九六〇年代の高度経済成長期以降に引き起こされた、さまざまな社会問題や社会病理現象の要因を探り、課題解決の方策を得るためには、社会を担う人材の養成つまり教育の果たす役割は極めて大きいのです。

　学校だけに子どもの教育を委託できない、というよりも学校だけでは担いきれないような社会状況の発生は、これまで忘れられていた、あるいは軽視されていた学校外の教育機能に関心を向けさせたといえます。学校と家庭と地域が、三位一体になって子どもを育てなければならない、との主張が教育関係者から出されてきたのはそれほど古いことではありません。

本来ならば当然のことなのですが、新たな発見であるかのように叫ばれはじめたのはなぜでしょうか。子どもの生活が学校だけでなく家庭や地域社会のなかにもある、といった当然のことが忘れられていたのではないでしょうか。それは、近代社会の公教育制度の成立以降現在まで、学校の占めるウエイトがあまりにも高かったことを示していると捉えることができます。もっとも、国民にとって子どもの教育は学校に任せておくことが、当たり前だと受け止められていた時代だった、とみることもできるのです。いずれにしても、家庭と地域社会の教育力、言い換えるなら、家庭と地域社会そのものが集団・組織として機能しない、あるいは解体状況に瀕しているような事態が、現代日本に生まれてきた点に注意しなければなりません。

第一章で述べたように、地域社会がコミュニティの基本条件である「共同性」と、「地域社会感情」をもたないならば、地域社会の人間形成機能、そして地域教育は成立しえないのです。したがって、家庭の教育力への期待が異常に高まるのは当然の帰結となるのですが、教育における格差は、家庭環境とくに経済格差の問題があることを見落としてはならないのです。

一九六〇年代以降、地域社会の教育に関する実証的な研究が活発に展開されるなかで、学校教育の機能を精選すべきとの主張が提起されるようになります。これは家庭や地域社会が担うべき機能を、学校が抱え込みすぎているとの認識に基づいていました。とくに家庭がその機能を果たせないなら、地域社会がこれを担うべきであるといった考え方、つまり地域教育への期待は、具体的には社会教育行政への期待となって現れるようになったのです。

その後、学校教育と社会教育との連携、つまり狭義の学社連携が、地方自治体レベルで教育行政の課題となってきたのは一九九〇年代のことでした。地域社会のなかで展開する教育を、すべて洗いあげることにより、住民が必要とする教育を態勢として整備する責任が、行政に課せられるようになったのです。

地域社会学者の松原治郎は、一九七〇年代後半から一九八〇年代の地域社会の総合的な教育調査研究をもとに、地域社会の教育性と教育の地域社会性の回復と創造を提起していましたが、これは学生期間が終わっても学習を続けなければならない学習社会の到来を予期し、地域社会レベルでの教育の再編の必要性を指摘したものでした。

一九九〇（平成二）年に施行された生涯学習推進法（生涯学習振興のための施策の推進体制の整備に関する法律）は、都道府県に対して、行政区内の特定地区における、地域生涯学習振興基本構想の作成を求めたものでした。国と都道府県に生涯学習審議会を設置させ、市町村には「生涯学習の振興に資するため、関係機関および関係団体等との連携協力体制の整備」を求めていたのです。ここでいう特定の地区とは、基本的には市町村を単位としていますが、これに限定せずさらに広域の地域社会を、教育的に再編するものとして設定されると考えられたのです。教育の再編とともに地域社会をも再編する、といった営みが二一世紀に向けて始動し、この三〇年間にわたり、各地で貴重な実践が積み重ねられてきました。

学習社会の到来は、人びとがよりよく生きるといった意味では明るいイメージで受けとめられがちですが、これまでみてきたように学習を続けなければならない社会は、多くの問題を抱えている点を見落とすことはできません。

また急激に変動する社会では不断の学習が求められるにしても、これまでに学校、とくに義務教育の小・中学校で学んできたことが、その基礎・土台となっていることを忘れてはなりません。「ゆとり」かそれとも「詰め込み」かという短絡的な見方は避けなければならないのです。これまでも「体験学習」か「系統学習」かといったように、振り子のように揺れ動いてきた学習指導要領は、教育それ自体が試行錯誤の繰り返しであることを物語っているのです。

地域社会のなかで育つ子ども、それを支援するおとなたちの環境も大きく変化しています。一九六〇年代の高度経済成長期の急激な地域社会の変動は、家庭だけでなく学校をも変容させてきたのです。二一世紀に入り、これまでと異なった社会状況のなかで、教育とくに学校をめぐる課題は多くなっているのです。日本社会全体の教育課題については、さまざまな論議がなされているのですが、地域社会（自治体）レベルでの課題についての論議は、これからなのではないでしょうか。私には、一見してばらばらにみえる全国各地の実践を、相互に積み重ね交流することによって、日本の教育課題がみえてくるように思えるのです。

その際注意しなければならないことは、先進事例に引きずられすぎないことです。先進的な実践を行っている地域には、それなりの条件や環境があるのですから、参考にするにしてもこれを真似するだけでは、良い成果が得られないはずです。まして、自分たちは先進地のような恵まれた条件や環境がないとして、あきらめの理由にしてしまうことがあるのです。

本書で取り上げた全国各地の教育実践は、あくまでも参考事例に過ぎません。むしろこれを批判的に考察することを通して、皆さんの日常生活の場での教育実践を、より豊かなものにしていただければ幸いです。

なお、左右社代表の小柳学氏には、遅筆な私を常にはげましていただきました。そして編集者守屋佳奈子さんは、理屈っぽい文章を、解りやすく読みやすいものにしてくださいました。この場をお借りして、心よりお礼申し上げる次第です。

二〇一八年五月　　岡崎友典

創刊の辞

この叢書は、これまでに放送大学の授業で用いられた印刷教材つまりテキストの一部を、再録する形で作成されたものである。一旦作成されたテキストは、これを用いて同時に放映されるテレビ、ラジオ（一部インターネット）の放送教材が一般に四年間で閉講される関係で、やはり四年間でその使命を終える仕組みになっている。使命を終えたテキストは、それ以後世の中に登場することはない。これでは、あまりにもったいないという声が、近年、大学の内外で起こってきた。というのも放送大学のテキストは、関係する教員がその優れた研究業績を基に時間とエネルギーをかけ、文字通り精魂をこめ執筆したものだからである。これらのテキストの中には、世間で出版業界によって刊行されている新書、叢書の類と比較して遜色のない、否それを凌駕する内容のものが数多あると自負している。本叢書が豊かな文化的教養の書として、多数の読者に迎えられることを切望してやまない。

二〇〇九年二月

放送大学長　石　弘光

放送大学

学びたい人すべてに開かれた
遠隔教育の大学

〒261-8586 千葉市美浜区若葉2-11
Tel: 043-276-5111　Fax: 043-297-2781　www.ouj.ac.jp

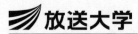

岡崎　友典（おかざき・とものり）
放送大学客員教員。教育学修士（東京大学）。日本教育社会学会・日本子ども社会学会元理事。主な著書・論文に『家庭・学校と地域社会』（放送大学教育振興会）、『教師が読む子どものための「学校五日制」』（共編著、ぎょうせい）、『ハンドブック事例で読む「学校と家庭・地域」』（共編著、教育出版）、「『地域と教育』研究」（東京学芸大学紀要32・34集）、「高等教育就学機会と地方出身者」（教育社会学研究第32集）、「青年の地域間移動と地域定住」（放送大学研究年報第6号）、『コミュニティ教育論』（共著、放送大学教育振興会）、『乳幼児の保育と教育』（共著、放送大学教育振興会）、『教育学入門』（共著、放送大学教育振興会）など多数。

1945年　長野県下高井郡中野町（現中野市）に生まれる
1964年　島根県立松江南高等学校卒業
1969年　東京学芸大学教育学部社会科卒業
1972年　東京大学大学院教育研究科修了
1973年　（株）社会工学研究所研究員
1977年　東京学芸大学教育学部助手　講師
1985年　特殊法人放送大学助教授　准教授
（2002年　放送大学が特殊法人から特別な学校法人へ）
（2004年　復帰退職制度により東京学芸大学助教授）
2015年　特別な学校法人放送大学准教授　定年退職

シリーズ企画：放送大学

地域教育再生プロジェクト　家庭・学校と地域社会

2018年7月30日　第一刷発行

著者　岡崎友典

発行者　小柳学

発行所　株式会社左右社
〒150-0002 東京都渋谷区渋谷2-7-6-502
Tel: 03-3486-6583　Fax: 03-3486-6584
http://www.sayusha.com

装幀　松田行正＋杉本聖士

印刷・製本　創栄図書印刷株式会社

Printed in Japan ISBN978-4-86528-204-7